幼児の
うたとあそび

桐生 敬子　藤田 桂子　高田 結加　卯野 杏実
KIRYU Keiko　FUJITA Keiko　TAKADA Yuika　UNO Azumi

ふくろう出版

はじめに

こどもたちは日々、音や音楽を聴く、うたを歌う、楽器を演奏するなど、さまざまな音の表現を楽しんでいます。また保育者が、こどもたちの興味や好奇心を音楽表現に結びつけることで、新たな活動の契機が生み出されることもあります。それは、こどもと保育者の双方が“表現”という花を咲かせる瞬間であり、花を咲かせるためには、土、水、肥料、日光など多くの要素が必要になります。保育者養成では、うたを歌う、うたの伴奏を演奏する、弾き歌いを習得するなどの多面的な要素を学習することで、こどもとともに表現の花を咲かせるための土台作りを目指しています。

本書は昭和54年から引き継がれてきた、名古屋文化学園保育専門学校のオリジナル教材である、『幼児のうたとあそび』を改編しています。数あるこどものうたの中から、未来へ繋げていきたい楽曲を選定し、原曲通りの楽譜と簡易伴奏に編曲したものを収録しました。

これからも多くのこどものうたが、歌い継がれることを願っています。そして、人と人の交流から生まれる音楽が途絶えることのないよう、本書と出会った全ての方の音楽表現が豊かに紡がれることを期待しています。

2024年3月　著者

本書の使い方

本書は、幼児のうたとあそびに関する学習内容や音楽理論、そして135曲の楽譜が収録されています。各Sectionの概要は次の通りです。

Section 1

こどもと音楽とのかかわり、こどもの表現活動についての概観と乳幼児期の色々な音楽的活動について説明しています。こどもの表現の芽生えを適切に捉え、その、のびやかな活動を援助できる保育者を目指してください。

Section 2

保育現場でよく歌う、こどものうたを歌うための知識や実践方法をまとめています。歌うときの姿勢、呼吸、発音の仕方、表情、歌い方の注意点とともに表現しやすい歌唱法を学んでいきましょう。うたのみでなく、ピアノなどで弾き歌いする機会もたくさんあると思いますが、その場合も同様に、こどもたちが一緒に楽しく歌いたくなるような歌唱法を身に付けましょう。

Section 3

ピアノを演奏するための知識と、鍵盤と楽譜に関する理論を、10個の項目にわたって説明しています。保育者としてこどもに音楽を表現する際に最適な楽器、ピアノについての歴史や仕組みを知りましょう。また、演奏する際の姿勢は、無駄な力みをなくし、リラックスした状態を作る上でとても重要になります。それぞれの体格に合った姿勢を模索してみましょう。そして、楽譜を読むためには必要な知識がたくさんあります。音符や休符、拍子、速度記号など、基礎的な音楽理論について学びましょう。

Section 4

楽譜はうたのジャンルごとに分けています。生活のうた、春のうた、夏のうた、秋のうた、冬のうた、行事のうた、みんなのうた、わらべうた、外国のうたの9つです。この分類は一例のため、実践内容に沿って選曲してください。

わらべうたは、作者は不明で、自然発生的にあそび歌として伝承され、歌い継がれてきたものです。現在ある楽譜は、採譜（歌の聴き取りをして作成すること）により作られています。代表的な楽譜を掲載していますが、このような理由により地方によって少しずつ違いがあります。自分の記憶とは違う、と思うかも知れませんが、それがわらべうたの特徴です。

また一部、楽譜の中には（　）の付いた音符があります。こちらは、省略（曲番号11、71）や簡易的（21）に演奏することも可能な音であり、練習状況に合わせた選択ができます。

Section 5

コードの概要と伴奏のアレンジ方法を提示しています。コードを使用することで、自分で簡易的な伴奏アレンジができる、またはピアノ以外の楽器（ギターなど）でも演奏が可能となります。コードの一覧表と伴奏のアレンジ例を元に、保育内容に合わせた音楽表現を楽しんでください。

目 次

Section 1：幼児のうたとあそび …… *2*
Section 2：うたを歌うために …… *4*
Section 3：ピアノを演奏するために …… *8*
Section 4：楽譜集 …… *13*

生活のうた

1 おはよう ／ *14*
2 おはようのうた ／ *15*
3 おべんとう ／ *16*
4 ゆりかごの唄 ／ *17*
5 子守唄 ／ *18*
6 おかたづけ ／ *20*
7 おかえりのうた ／ *21*
8 さよならのうた ／ *22*

春のうた

9 おはながわらった ／ *24*
10 ことりのうた ／ *26*
11 せんせいとおともだち ／ *27*
12 チューリップ ／ *28*
13 ちょうちょう ／ *29*
14 つばめになって ／ *30*
15 花・はと・ピアノ ／ *31*
16 はる ／ *32*
17 春がきた ／ *33*
18 春の小川 ／ *34*
19 ぶんぶんぶん ／ *35*
20 めだかのがっこう ／ *36*

夏のうた

21 アイスクリームのうた ／ *37*
22 あめふりくまのこ ／ *40*
23 ありさんのおはなし ／ *42*
24 イルカはザンブラコ ／ *43*
25 うみ ／ *44*
26 おつかいありさん ／ *45*
27 オバケなんてないさ ／ *46*
28 かたつむり ／ *48*
29 しゃぼん玉 ／ *49*
30 とけいのうた ／ *50*
31 トマト ／ *51*
32 とんでったバナナ ／ *52*
33 ながぐつマーチ ／ *54*
34 にじのむこうに ／ *55*
35 はをみがきましょう ／ *58*
36 水あそび ／ *59*
37 南の島のハメハメハ大王 ／ *60*

秋のうた

38 いもほりのうた ／ *62*
39 こおろぎ ／ *63*
40 きのこ ／ *64*
41 ちいさい秋みつけた ／ *66*
42 こぎつね ／ *68*
43 つき ／ *69*
44 でぶいもちゃんちびいもちゃん ／ *70*
45 どんぐりころころ ／ *72*
46 とんぼのめがね ／ *73*
47 ポンポコたぬき ／ *74*
48 まつぼっくり ／ *75*
49 虫のこえ ／ *76*
50 やきいもグーチーパー ／ *77*
51 夕やけこやけ ／ *78*
52 山の音楽家 ／ *80*

冬のうた

53 きよしこの夜 ／ *81*
54 赤鼻のトナカイ ／ *82*
55 あわてんぼうのサンタクロース ／ *84*
56 うさぎ野原のクリスマス ／ *86*
57 北風小僧の寒太郎 ／ *88*
58 コンコンクシャンのうた ／ *90*
59 サンタが町にやってくる ／ *92*
60 ジングルベル ／ *94*
61 たき火 ／ *96*
62 雪 ／ *98*
63 雪のこぼうず ／ *99*
64 雪のペンキやさん ／ *100*
65 ゆげのあさ ／ *101*

行事のうた

66 こいのぼり／*102*
67 おかあさん／*103*
68 かめの遠足／*104*
69 バスごっこ／*106*
70 すてきなパパ／*107*
71 たなばたさま／*108*
72 うんどうかい／*109*
73 お正月／*110*
74 たこのうた／*111*
75 もちつき／*112*
76 豆まき／*113*
77 うれしいひなまつり／*114*
78 一ねんせいになったら／*116*
79 思い出のアルバム／*118*
80 さよならぼくたちのほいくえん・ようちえん／*120*
81 たんじょうび／*123*
82 Happy Birthday To You（お誕生日おめでとう）／*124*

みんなのうた

83 あくしゅでこんにちは／*125*
84 アイ・アイ／*126*
85 犬のおまわりさん／*128*
86 うたえバンバン／*130*
87 大きなたいこ／*132*
88 おすもうくまちゃん／*133*
89 おなかのへるうた／*134*
90 おもちゃのチャチャチャ／*136*
91 おはなしゆびさん／*138*
92 かくれんぼ／*139*
93 かわいいかくれんぼ／*140*
94 クラリネットをこわしちゃった／*142*
95 こぶたぬきつねこ／*144*
96 サッちゃん／*145*
97 さんぽ／*146*
98 しあわせならてをたたこう／*148*
99 世界中のこどもたちが／*150*
100 手のひらを太陽に／*152*
101 ともだち賛歌／*154*
102 ともだちになるために／*156*
103 ぞうさん／*158*
104 ドレミの歌／*159*
105 ドレミのまほう／*162*
106 にじ／*164*
107 にんげんっていいな／*166*
108 はじめの一歩／*169*
109 ハッピーチルドレン／*172*
110 ふしぎなポケット／*174*
111 ホ！ホ！ホ！／*176*
112 ぼくのミックスジュース／*178*
113 ぼくらはみらいのたんけんたい／*180*
114 やぎさんゆうびん／*183*
115 みんなともだち／*184*
116 森のくまさん／*186*
117 山のワルツ／*188*
118 おうま／*190*
119 大きな栗の木の下で／*190*
120 大きな古時計／*191*
121 おんまはみんな／*192*
122 すうじのうた／*193*
123 線路はつづくよどこまでも／*193*
124 手をたたきましょう／*194*
125 むすんでひらいて／*194*

わらべうた

126 あんたがたどこさ／*195*
127 かごめかごめ／*195*
128 十五夜さんのもちつき／*196*
129 ずいずいずっころばし／*197*
130 ひらいたひらいた／*197*

外国のうた

131 Are You Sleeping?（寝ているの？）／*198*
132 If You're Happy And You Know It（幸せなら手をたたこう）／*198*
133 London Bridge Is Falling Down（ロンドン橋がおちる）／*199*
134 Mary Had A Little Lamb（メリーさんの羊）／*199*
135 Twinkle Twinkle Little Star（きらきら星）／*200*

Section 5：コードと伴奏アレンジ …… *202*
索引 …… *204*
著者紹介

幼児のうたとあそび

Section 1

幼児のうたとあそび

1．こどもと音楽

こどもは音楽が大好きです。言葉を覚えるころには自分で作ったメロディーに自分で作った歌詞を乗せて鼻歌を歌ったり、適当にリズムを取って楽しんだりします。誰かに教えてもらったわけでもなく、みずから多様な音楽を表出しているのです。保育者は、この表現の芽生えをとらえ、適切に育んでいかなくてはなりません。

また、日常の保育の中でも音楽は欠かすことができません。朝や帰りの歌、季節の歌など、多くの歌を歌い、手遊びやリズム遊びのような歌唱以外の音楽活動もたくさんおこなわれているでしょう。これらの活動は、こどもにとっては全てがあそびです。こども自身が難しいことを教えこまれている、と感じるような指導ではなく、年齢、発達に沿った援助をおこない、こどもがのびのびと自由に表現をすることができるように導いていくことが大切です。

2．こどもと表現

表現とは、自分の感情や考えなどを何かに向かってあらわすことです。一方表出とは、主に意思のあるなしにかかわらず、無意識にふとあらわれる感情や行為のことをいいます。乳児の感情のあらわれは表出とよべるものが多いのですが、幼児となり、他の誰かに向けて自分の感じたことをあらわすとき、それは表現ということができるのです。ここで気をつけるべきことは、こどもは音楽とそのほかの活動をわけて表現するわけではない、ということです。こどものなかでは、音楽と音楽以外の表現活動がはっきりと区別されてはいません。そのため音楽の活動のみにこだわって実践をしようとすると、範囲が狭められ、こどもにとって少し窮屈な活動になるかもしれないことも頭にいれておきましょう。

また、こどもの音楽的な表現は身体や言葉の発達が大きくかかわっており、成長に比例して表現活動の幅も広がっていきます。このとき、保育者のかかわりは非常に重要であり、年齢に即した援助をおこなうことで、こどもは自由にのびのびと表現活動をすることができるでしょう。ところが年齢に適さない表現活動を要求したらどうでしょう。こどもは難しすぎる活動や、反対に簡単すぎる活動を求められ、のびのびとした表現ができません。保育者にはこどもの発達に応じた表現活動を提案し、適切に実践をしていくことが求められるのです。

3．乳幼児期の音楽的活動

1）歌唱表現

誰もが生まれた瞬間に発声する産声（うぶごえ）は、ほとんどのこどもが１点イ（ラの音）の高さの音であるといわれています。とても神秘的ですね。その後成長するにつれ、出せる声の高さの範囲は広くなりますが、５歳児でも高音は２点ハ（高いドの音）くらいまでしか出ません。歌唱の活動をおこなう際にはこどもの声の音域を知ったうえで選曲することが重要です。

2）リズム遊び

こどもがリズムを使って遊ぶことは、音楽的な力を伸ばすだけではなく、身体的な成長や集中力、考える力など、生きるために必要なさまざまな要素を育むことができます。リズムを模倣したり、自分で考えたリズムを口ずさんだり、また、リズムに合わせて運動したり、と、リズムは表現活動の基本であるともいえます。リズムを用いて楽しく遊ぶ中にも、ねらいを考え、そこで育てるべき力は何かを常に意識しましょう。

3）楽器遊び

乳児のころからガラガラや太鼓など、音の出る楽器は身近にあります。楽器で演奏された音楽を聞いたりすることもあるでしょう。幼児になると簡単な打楽器を演奏できるようになります。音程のない打楽器は誰でも同じように音を出すことができますが、思い切りたたいてしまわないことや、他の人の音を聞き、バランスを考えることなどを援助していきます。また、こどもにとって演奏が難しい楽器は時間をかけて練習するなど、楽器遊びがストレスになることがないようにしていきたいものです。

4）劇遊び

簡単なストーリー仕立てにして遊ぶ、劇遊び、劇ごっこと呼ばれるものは、そこに歌や楽器などを入れていくと、とても楽しい作品になります。こどもたちと話し合ってストーリーや歌を決めてもいいでしょう。こどもの歌をセリフやナレーションでつないでいく「ドラムジカ」という手法もあります。ドラムジカは総合的な表現活動ということができます。そこには表現の分野のすべてのジャンル、音楽(歌や楽器)、芝居（セリフ、ナレーション)、美術（大道具、小道具)、文学（台本)、舞踊（振付）などが関わってできているといえるからです。領域「表現」におけるねらいと内容が全て含まれているとも考えることができます。こどもとともに楽しみながら作ってみてください。

Section 2

うたを歌うために

1．歌声とは

音楽の始まりとも考えられている「うた」は、私たちにとって古くからとても身近にあります。唯一無二の世界にひとつの楽器が声です。一人一人が持っているそんな素晴らしい楽器で奏でるのがうたになります。保育現場では、生活の中で多くのこどものうたを歌っています。保育者の皆さんがこどもたちと一緒に楽しく歌うために、表現しやすい歌声の出し方を学んでいきましょう。

2．姿勢

足を少し開いて、足の裏全体に左右前後バランス良く均等に体重をのせます。

上半身は、肩や首の力を抜き、頭のてっぺんから糸で吊り下げられているイメージで立ちます。

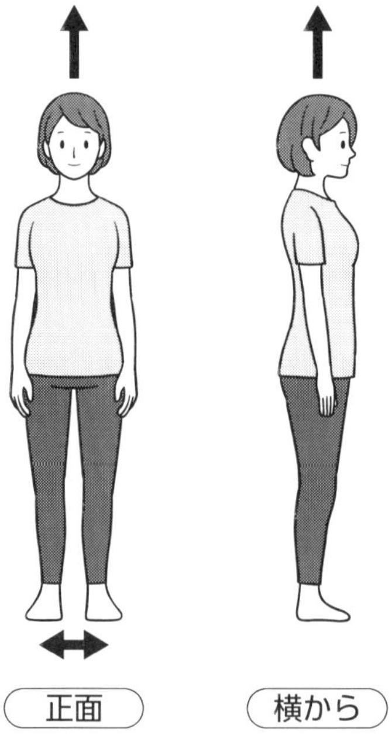
正面
横から

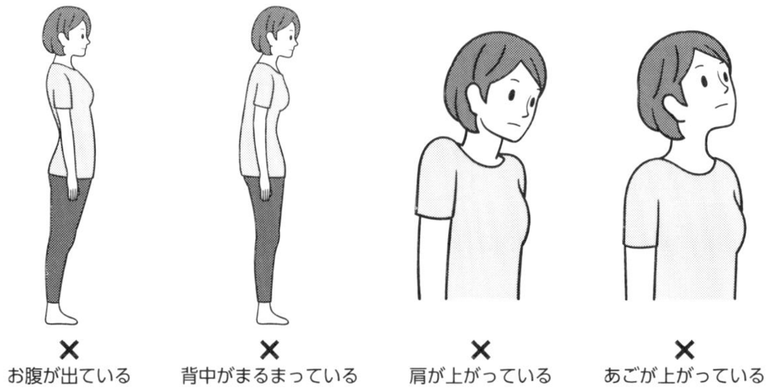
×
お腹が出ている
×
背中がまるまっている
×
肩が上がっている
×
あごが上がっている

保育者は、ピアノなどで弾き歌いをすることも多くあると思います。椅子の背に寄りかかったり、背中を曲げて前かがみになったりせず、座った姿勢でも下半身を安定させ、背筋を伸ばし、上半身は力を抜いて声を出すことは立った場合と同じです。

上半身に力が入ってしまう時は、肩や首を回すなど柔軟体操をして身体を解放することもおすすめです。こどもたちに歌声を届けようという思いで、保育者とこどもたちの互いの顔が見えるようにできるだけ顔をあげて弾き歌いできると良いですね。

3．呼吸

歌声は息の流れにより生まれるため、うたの呼吸である腹式呼吸の仕方を身に付ける必要があります。腹式呼吸は、胸とお腹を仕切っている横隔膜を使って行う呼吸で、横隔膜を腹部へ広げ、息が深く入るので喉をリラックスした状態になり歌唱に向いた呼吸だと考えられています。腹式呼吸が身につくと呼気をコントロールでき、楽に豊かな響く声を出すことができるようになっていきます。

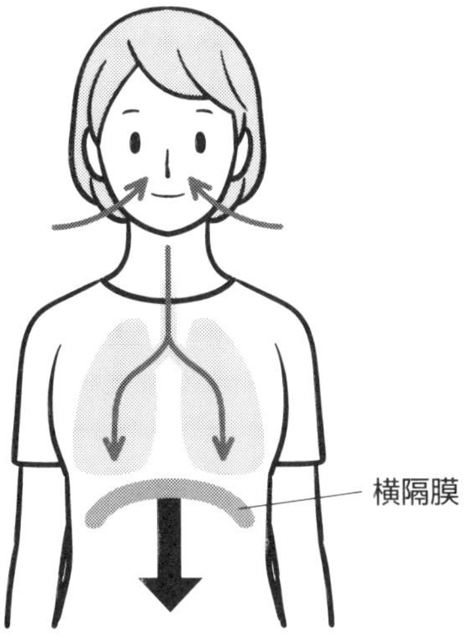
横隔膜

横隔膜を下に引っ張るようなイメージ

実際に練習して体感してみましょう。

① 下腹部に手をあてます。
② 「スー」と息をお腹から少しずつ息を吐ききれなくなるまで吐ききります。お腹がへこんでいきます。
③ 息を吸って、今まで意識していた下腹部を一気に緩めましょう。お腹全体が膨らんでいきます。
④ ②③を繰り返しましょう。

リラックスして行いましょう。寝ころびながらだとより腹式呼吸がわかりやすいです。②のしっかり息を吐ききるのがポイントです。しっかり息を吐ききれると、自然とたっぷり息を吸えます。歌う際は、腹式呼吸しようと構えず、たくさん息を使い切ろう！という思いで取り組んでみてください。

4．発音

歌詞を正しく伝え、美しい言葉で歌うことは、こどもたちにうたを伝える上で非常に重要です。
「うた」になると、日常会話より歌詞が聴き取りにくくなる場合が多いです。こどもたちと距離がある場合はもちろん、伴奏に隠れてしまう場合も多いのではないでしょうか。歌詞を正しく伝えるためにも日常会話以上に口周辺の筋肉をしっかり使い、明瞭に発音することを意識してください。
日本のうたの場合、以下の言葉を特に注意して練習しましょう。

1）鼻濁音

ガ行音→原則的に語頭は濁点になるが、語中の「ガ」は、鼻にかかった甘い響きの鼻濁音になる。
代表的な鼻濁音は、助詞の「～が」。　例：♪おやまにあめが～

・例外「十五」のような数詞、「お元気」のような丁寧語
　　　「ゴリゴリ」のような擬声語、反復語、「ハンバーガー」のような外来語
　　　「音楽学校」のように「音楽」と「学校」で切れ目を表し、意味の分かるもの。
稀に地域によって鼻濁音、濁音の扱いが異なることがあります。
言葉の変な位置にアクセントをつけない、音をなめらかにするために鼻濁音が使用されると考えられていますが、例外に注意が必要です。
鼻濁音の発音は、「n」をつけて「nga」「nghi」と練習したり、「ga, nga」「ghi,nghi」と繰り返したりすることで、意識し使いやすくなります。鼻濁音の部分のみ強調される不自然なものではなく、柔らかく言葉が自然に入ってくる発音が望ましいです。

2）半母音

ヤ行、ワ行に使われる単独では音節を作らない音が半母音。
「ヤ」行の発音時「イ」音を発せず、口の中で自然と「イ」の構えを作り、すぐに「ア」の音に移行する。
→ィヤ
「ワ」の発音も「ヤ」行と同様、「ウ」の構えを作り、「ア」に繋げられ発する。→ゥワ

自然に構える「ィヤ」「ゥワ」の「ィ」「ゥ」は、明確には発音しないことが多いですが、これを取り入れると、言葉がはっきり聞き取りやすくなります。

3）促音

「とっても」など小文字で「っ」表記される詰まる音。

ブレスをせず、止めるように、次の言葉の準備をするのが重要です。
「とっても」であれば、「っ」の後の言葉「て（te）」の「t」の構えをして準備すると良いでしょう。

5．表情、歌い方

明るい楽しい曲の場合に、緊張して不安な表情のままで歌ったらどうでしょうか。こどもたちが一緒に歌いたいと思うでしょうか。歌う時の自分の表情がどうなっているのか、気を配りながら弾き歌いしてみてください。

こどものうたには様々な曲調がありますが、それぞれの曲に合った歌い方を工夫しましょう。そのために、歌詞の内容の理解、登場人物の心情を考えること、情景をイメージすることなども大切です。

Section

3 ピアノを演奏するために

1．ピアノの歴史

ピアノの先祖といわれるチェンバロは、バッハやヴィヴァルディといった作曲家が活躍した、バロック時代に盛んに使われた楽器です。しかし、爪で弦をはじいて鳴らす仕組みであったため、強弱の変化が乏しく、音の減衰が早いことが弱点でした。そんな中、1700年頃イタリアの楽器製作家、バルトロメオ・クリストフォリ（1655～1731）が現在のピアノの原型をつくりました。彼は、ハンマー仕掛けで弦を打って鳴らすというピアノ・メカニズムを発明し、「クラヴィチェンバロ・コル・ピアノ・エ・フォルテ」（弱音も強音も出せるチェンバロ）と名付けました。この頃の鍵盤数は54鍵でしたが、技術革新によって改良が続けられ、19世紀末には現在の「ピアノ」が出来上がりました。

2．ピアノの魅力

「楽器の王様」と呼ばれているピアノの魅力は、何と言ってもその幅広い音域（オーケストラすべての楽器をカバーする７オクターブと１/４）にあります。軽快な響きから重厚な響きまで、様々な音色を表現できる、奥が深い楽器です。

ピアノは、ヴァイオリンやチェロとは違い、演奏する前に細かく調弦する必要はなく、鍵盤を押すだけで音が鳴ります。音の高低や配列は、小さなこどもにも理解することができるので、初めて親しむ楽器として最適です。また、独奏楽器として、メロディーと伴奏をひとりで演奏することができ、音楽の３大要素**メロディー・ハーモニー・リズム**すべてを担当できる万能の楽器です。

3．ペダルの効果

ピアノには通常３本のペダルがついていて、それぞれに役割が違いますが、一番右にあるペダル「ダンパーペダル」を使用することが最も多いでしょう。ダンパーペダルを踏むと、響きを止めるためのダンパーが外しっぱなしになることで、音が鳴り続け、響きが豊かになる効果が得られます。フレーズをなめらかに歌わせたい時や複数の音を混ぜ合わせたい時にペダルを使うことで、より多様な表現をすることができます。しかし、ペダルを踏みこんだままにし過ぎると、音が濁ってしまうことがあります。音符の切れ目やフレーズの終わりでペダルを踏みかえるなど、タイミングには注意が必要です。

4．演奏のフォーム

1）正しい姿勢

・椅子は、やや浅めに腰掛けます。
・椅子の高さは、手首が上がりすぎたり下がりすぎたりせず、肘から手首までが水平になるよう調節します。
・肩や腕の力を抜き、足は床につけます。
・背筋はまっすぐ伸ばしましょう。

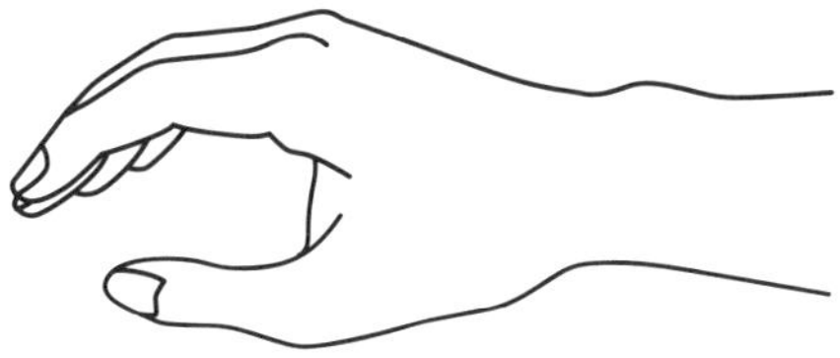

2）手の形

・力が抜けていると、手は自然と丸くなります。この形のまま、手のひらを下に向けて鍵盤に両手を置きます。
・姿勢と同じように、リラックスして力を入れずに、鍵盤を押します。
・指の付け根と指先がへこまないようにします。
・爪は短く切っておきましょう。

5．指番号

楽譜の中には「指番号」が記されています。右手・左手ともに、親指から「12345」と、番号がつけられています。左右対称になっており、手を合わせると同じ番号になります。

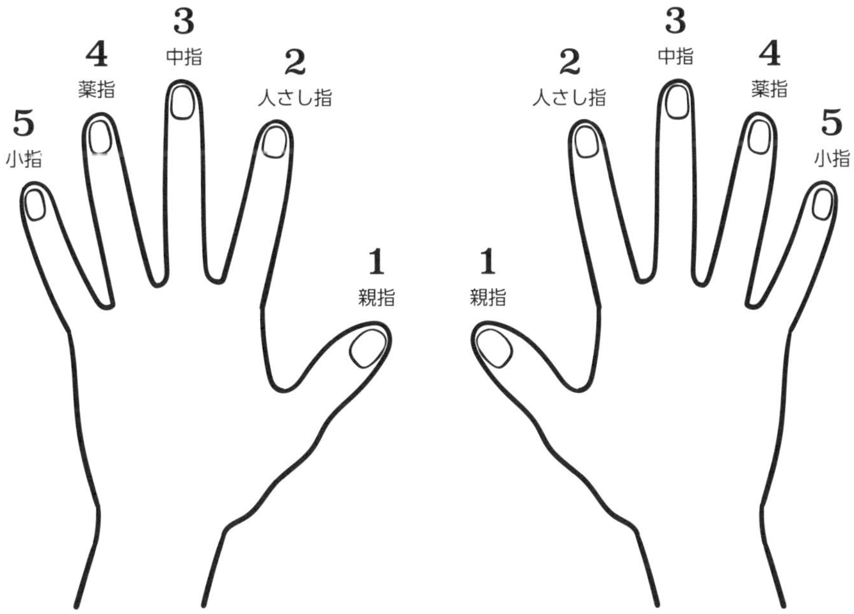
5
小指
4
薬指
3
中指
2
人さし指
1
親指
1
親指
2
人さし指
3
中指
4
薬指
5
小指

6．鍵盤と五線

ピアノの鍵盤は白鍵と黒鍵を合わせて 88 鍵あります。7つの白鍵（ドレミファソラシ）と、5つの黒鍵を合わせた 12 個の鍵盤が規則的に並べられ、ある音から次の高さの同じ音を「1オクターブ」と呼びます。

ピアノ演奏に使用される楽譜は、主に右手で演奏する高音部譜表（ト音記号）と、主に左手で演奏する低音部譜表（ヘ音記号）を合わせた「大譜表」で、両手で演奏します。五線内に記譜することができない高い音や低い音は、臨時に短い線を補う「加線」を使って記されます。鍵盤のほぼ中央にあるドを最初に覚えましょう。

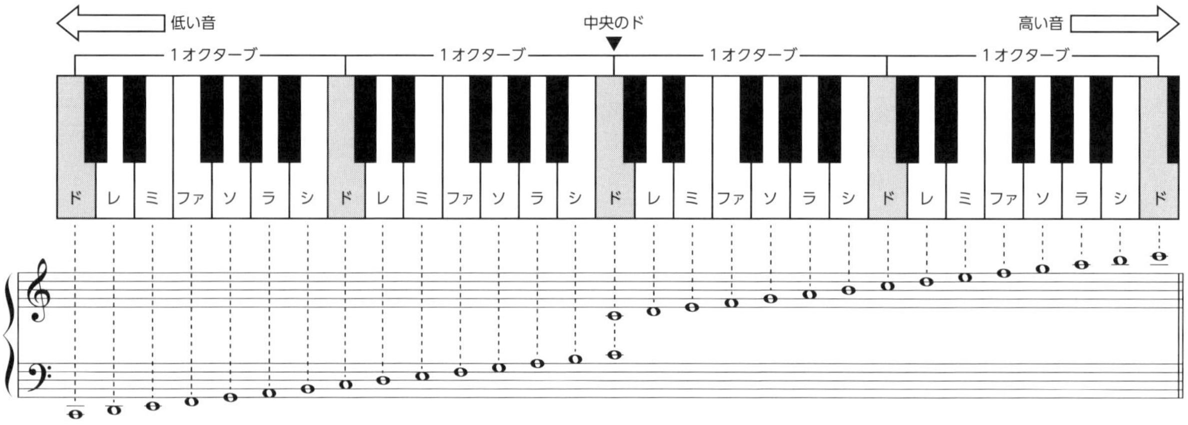
低い音
中央のド
高い音
1オクターブ
1オクターブ
1オクターブ
1オクターブ
ド レ ミ ファ ソ ラ シ ド レ ミ ファ ソ ラ シ ド レ ミ ファ ソ ラ シ ド レ ミ ファ ソ ラ シ ド

7．音符と休符

名称	音符	4分音符を1拍とする時の音符と休符の長さ				名称	休符
		1	2	3	4		
全音符	𝅝					全休符	𝄻
2分音符	𝅗𝅥					2分休符	𝄼
4分音符	♩					4分休符	𝄽
8分音符	♪					8分休符	𝄾
16分音符	𝅘𝅥𝅯					16分休符	𝄿
32分音符	𝅘𝅥𝅰					32分休符	𝅀

8．付点音符と付点休符

音符、休符の右隣に点をつけたものを、付点音符、付点休符と呼びます。
付点音符と付点休符は、音符または休符＋その半分の長さを表します。

付点音符		長さ	付点休符		長さ
付点２分音符	𝅗𝅥.	𝅗𝅥 ＋ ♩	付点２分休符	𝄼.	𝄼 ＋ 𝄽
付点４分音符	♩.	♩ ＋ ♪	付点４分休符	𝄽.	𝄽 ＋ 𝄾
付点８分音符	♪.	♪ ＋ 𝅘𝅥𝅯	付点８分休符	𝄾.	𝄾 ＋ 𝄿
付点16分音符	𝅘𝅥𝅯.	𝅘𝅥𝅯 ＋ 𝅘𝅥𝅰	付点16分休符	𝄿.	𝄿 ＋ 𝅀

9．拍子と拍子記号

音楽の中で、音の強弱の関係が規則的に繰り返されることを拍子といいます。拍子記号の分母は基準となる音符、分子は１小節内の拍数を表します。

例：４分の４拍子　$\frac{4}{4}$
- 4（分子）← １小節に４拍入る
- 4（分母）← ４分音符を１拍とする

10．速度記号

音楽を演奏する速さを示す記号で、数字や用語などで表します。

1）メトロノーム記号

♩ ＝ 80　１分間に４分音符を 80 回打つ速さ

2）速度用語

記号	読み方	意味
Lento	レント	遅く
Andante	アンダンテ	ゆっくり歩くような速さで
Andantino	アンダンティーノ	アンダンテよりやや速く
Moderato	モデラート	中くらいの速さで
Allegretto	アレグレット	やや速く
Allegro	アレグロ	速く
Presto	プレスト	急速に

Section 4

楽譜集

1 生活のうた

おはよう

増子とし　作詞／本多鉄麿　作曲

たのしく ♩=100
1.～3. せん せ い お はよう み な さ ん お はよう
お は な も に こ に こ わ ら っ て い ま す
こ と り も ち っ ち と う た っ て い ま す
う さ ぎ も ピョ ンピョ ン ス キ ッ プ し ま す
お はよう お は よ う

生活のうた

2 おはようのうた

作詞・作曲者不詳

♩= 112
せん せい おはよう みなさん おはよう こ こ は
み ん な の よ う ち え ん みん な の す き な
よ う ち え ん せん せい の お こ と ば よ く ま
も り げ ん き に な か よ く あ そ び ま しょう

生活のうた

3 おべんとう

天野　蝶　作詞／一宮道子　作曲

♩＝120
1. お べ ん と お べ ん と う れ し い な
2. お べ ん と お べ ん と う れ し い な
お て て も き れ い に な り ま し た
な ん で も た べ ま しょ よ く か ん で
み ん な そ ろ っ て ご あ い さ つ
み ん な す ん だ ら ご あ い さ つ

生活のうた

4 ゆりかごの唄

北原白秋　作詞／草川　信　作曲

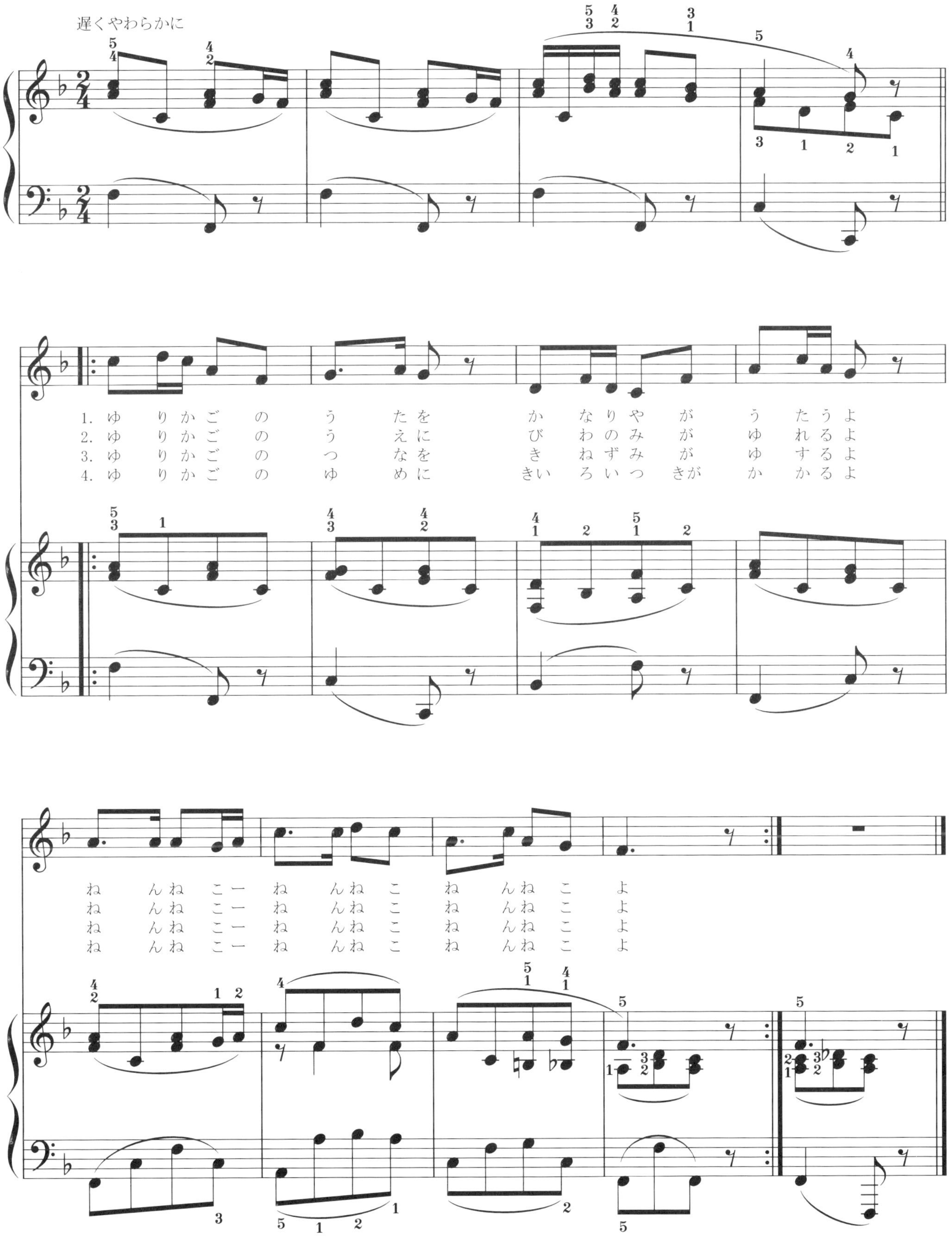
遅くやわらかに
1. ゆりかごの うたを かなりやが うたうよ
2. ゆりかごの うえに びわのみが ゆれるよ
3. ゆりかごの つなを きねずみが ゆするよ
4. ゆりかごの ゆめに きいろいつきが かかるよ
ねんねこー ねんねこ ねんねこよ
ねんねこー ねんねこ ねんねこよ
ねんねこー ねんねこ ねんねこよ
ねんねこー ねんねこ ねんねこよ

生活のうた

5 子守唄

野上　彰　作詞／團　伊玖磨　作曲

Andantino ♩= 84
1. むかしむかしよ　きたのはて　オーロラのひの　もえている　ゆきのおしろが　ありました
2. ゆきのおしろの　おにわには　こおりのはなが　さいている　ゆきのこびとが　すんでいた
3. ゆきのこびとは　じゅうごにん　そろってしろい　ゆきぼうし　ぼうしのたまは　ぎんのふさ
4. ぼうしのふさを　ふりながら　いちんちおどって　くたびれて　ねむったこびとは　じゅうごにん
5. ねむったあいだに　いたずらの　しろいこぐまが　もってった　ふさのついてる　ゆきぼうし

それからかあさん　どうしたの　だまってておききよ
ほんとにかあさん　おもしろいの　だだまってておききよ
おやおやかあさん　すてきだな　だまってておききよ
そうしてかあさん　おしまいね　いまえいえまだまだ
※（無言）　あらあらおねむね
8va

※ 眠ってしまったのですから、ここは歌いません。

いいはなし　おはなしきいて　ねんねんよ
いいはなし　おはなしきいて　ねんねんよ
いいはなし　おはなしきいて　ねんねんよ
いいはなし　おはなしきいて　ねんねんよ
おころりよ　およってしずかに　ねんねんよ

生活のうた

6 おかたづけ

作詞・作曲者不詳／小林つや江　編曲

ハ長調

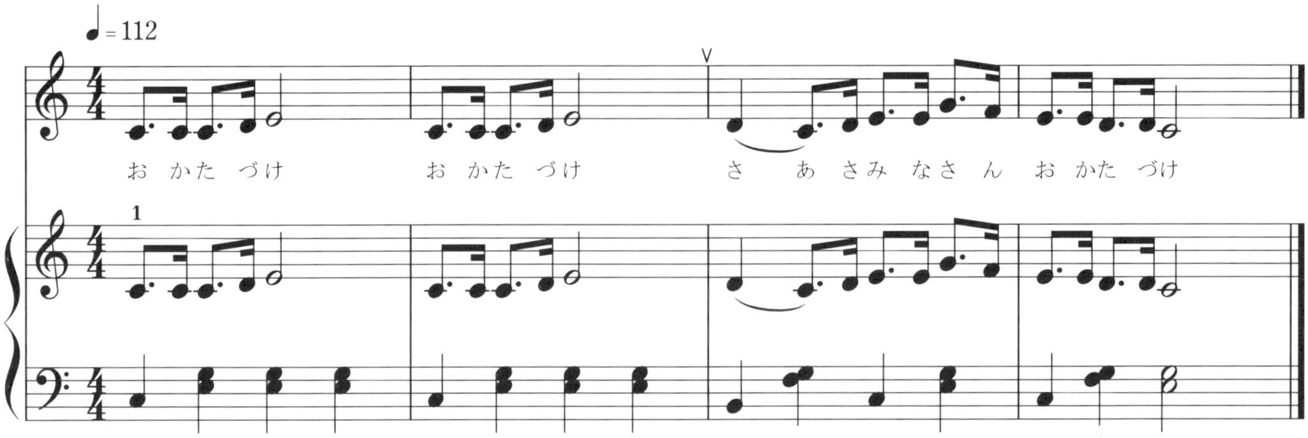
♩= 112
お かた づけ　お かた づけ　さ あ さみ なさ ん お かた づけ
1

ヘ長調に移調するとこのようになります

♩= 112
お かた づけ　お かた づけ　さ あ さみ なさ ん お かた づけ
1

ト長調の移調譜を書き、演奏してみましょう

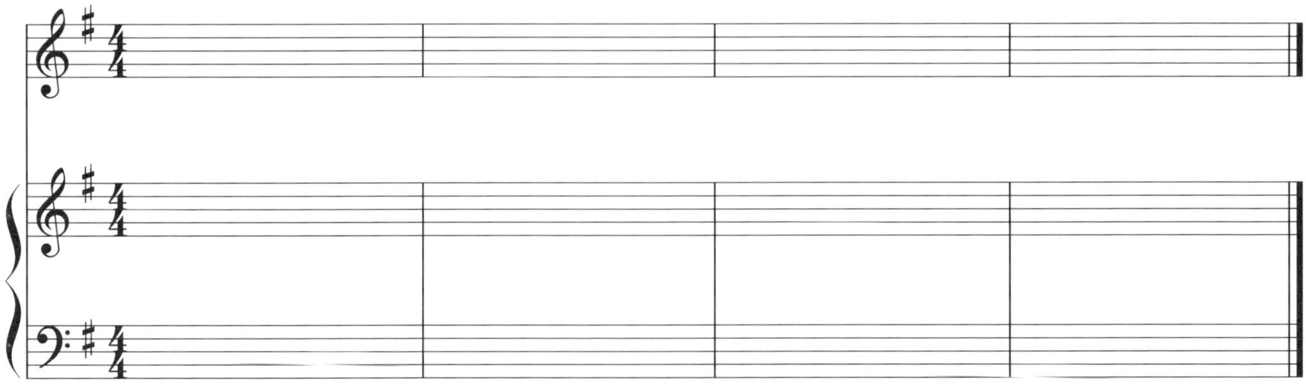

生活のうた

7 おかえりのうた

天野 蝶 作詞／一宮道子 作曲

♩= 126
1. きょ ーう もた のし く
2. お りが みつ みき も
8va
Ped.
す みま した な かよ しこ よし で か えり ましょう
か たづ けて お かえ りお した く で きま した
せ んせ い さ よ な ら ま たま たあ し た
み なさ ん さ よ な ら ま たま たあ し た

生活のうた

8 さよならのうた

高　すすむ　作詞／渡辺　茂　作曲

Moderato
mf
おもしろかった　おもしろかった　おもしろかった　おあそびも
きょうはおしまい　さようなら
だんだんおそく
せんせい　さようなら
(またあした)

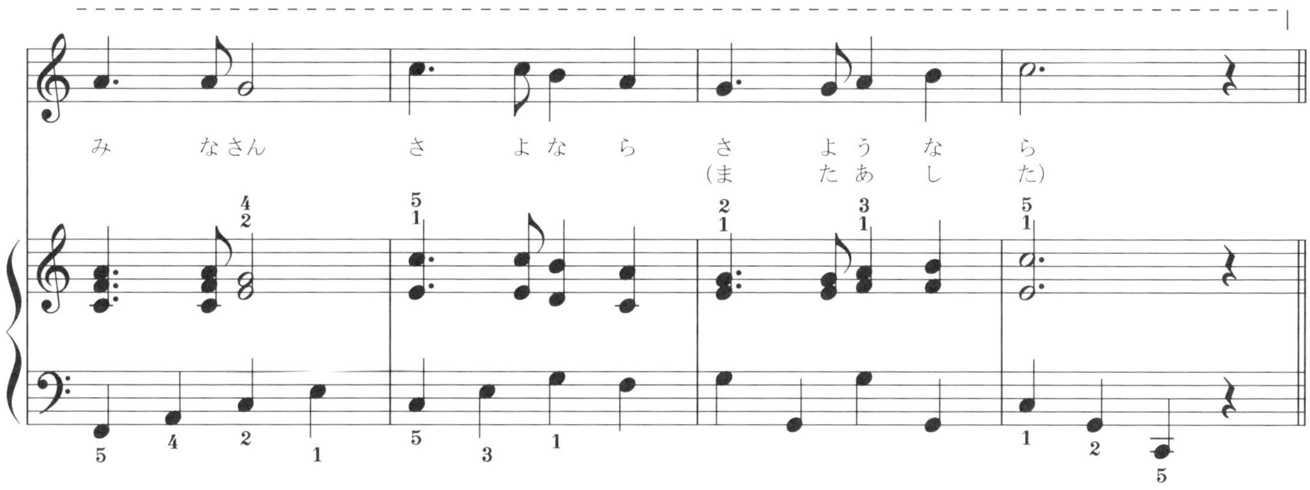
み なさん さ よ な ら さ よ う な ら
(ま た あ し た)

おかえりマーチ

9

春のうた

おはながわらった

保富康午　作詞／湯山　昭　作曲

たのしく きれいに ♩=80くらい
p dolce
mp
mf
mp
1. お　はな　が　わ　らっ　た　お　はな　が　わ　らっ　た
2. お　はな　が　わ　らっ　た　お　はな　が　わ　らっ　た
mp

お　はな　が　わらっ　た　お　はな　が　わらっ　た
お　はな　が　わらっ　た　お　はな　が　わらっ　た
Ped.
mf
みーんな　わらった　いちどに　わらった
みーんな　わらった　げんきに　わらった
f
1.
2.
p
mp poco a poco rit.
pp

春のうた

10 ことりのうた

与田準一　作詞／芥川也寸志　作曲

♩= 104
mf
1. こ　とり　はとっ　て　も
2. こ　とり　はとっ　て　も
8va
f
sf sf sf
うたが　すき　かあ　さんよ　ぶの　も　う　たで　よぶ
うたが　すき　とう　さんよ　ぶの　も　う　たで　よぶ
mp
ぴぴぴぴぴ
ぴぴぴぴぴ
ちちちちち　ぴ　ちく　りぴ
ちちちちち　ぴ　ちく　りぴ

春のうた

11 せんせいとおともだち

吉岡 治 作詞／越部信義 作曲

♩= 112
mf
1.～3. せん せ いと
f
mf
お とも だち
せん せ いと
お とも だち
mp
mf
あ くしゅ を し よ う ギュ ギュ ギュ
あ い さ つ し よ う お は よう
に らめっ こ し よ う メッ メッ メッ
mp
mf

春のうた

12 チューリップ

近藤宮子　作詞／井上武士　作曲

♩=82
mp
さ い た
さ い た　チュー リッ プ の　は な が　な らん だ　な らん だ
mf
あ か し ろ　き い ろ　ど の は な　み て も　き れ い だ　な

春のうた

13 ちょうちょう

野村秋足　作詞／ドイツ民謡

♩= 84
mf
ちょ う ちょう　ちょ う ちょう　な の は に　と ま れ　な の は に
あ い た ら　さ く ら に　と ま れ　さ く ら の　は な の
mp
はなから　はなへ　とまれよ　あそべ　あそべよ　とまれ

春のうた

14 つばめになって

塚本章子　作詞／本多鉄麿　作曲

あかるく元気に ♩＝100

f
mf
1.2.つ ばめ に な って とん でとん で あ そぼ
ご が つ の
ゆ う や け
お そ ら を とん でとん で あ そ ー ぼ
ー は い スィ スィ スィ は い スィ スィ スィ
mp

春のうた

15 花・はと・ピアノ

江藤俊明　訳詞／ドイツ民謡

軽快に
1.1.2.
1. おーにわの　はなよ　あかい　はなよ　きーいろい　はなも
2. おーやねの　はとよ　まるい　おめめ　おーくびを　まげて
3. ピーアノが　なるよ　おてて　あげて　あーんよを　はねて
きれいね　チロンロン　チロンロン　チロンロン　チロンロン
かわいね　ポッポッポッ　ポッポッポッ　ポッポッポッ　ポッポッポッ
おどろよ　タランラン　タランラン　タランラン　タランラン
1.2.
3.
おーはなを　みましょ　きれい　ね　く
おーはとよ　うたを　うたおう　ね
みーんなで　おどろ　なかよ

16

春のうた

はる

吉田トミ　作詞／井上武士　作曲

やさしく ♩= 80
mf
1. ぽ か ぽ か　は る が
2. ぽ か ぽ か　は る が
3. ぽ か ぽ か　は る が
やっ て き た　か わ い い　も も が　ふ く ら ん　で　に こ に こ
やっ て き た　や さ し い　か ぜ が　そ よ そ よ　と　ち い さ い
やっ て き た　お え ん の　う え で　お ひ さ ま　が　ぼ う や に
mp
え が お で　い い ま し　た　も う は る　で す よ　は る で す　よ
お は な に　い い ま し　た　も う は る　で す よ　は る で す　よ
そ ー っ と　い い ま し　た　も う は る　で す よ　は る で す　よ

春のうた

17 春がきた

高野辰之　作詞／岡野貞一　作曲

楽しく ♩=126
mf
1. はるがきた　はるがきた　どこにきた
2. はながさく　はながさく　どこにさく
3. とりがなく　とりがなく　どこでなく
やまにきた　さとにきた　のにもきた
やまにさく　さとにさく　のにもさく
やまでなく　さとでなく　のでもなく

18 春のうた

春の小川

高野辰之 作詞／岡野貞一 作曲

mf
1. は ー る の お が わ は さ ら さ ら い く よ
2. は ー る の お が わ は さ ら さ ら い く よ
き ー し の す み れ や れ ん げ の は な に す ー が た や さ し く
え ー び や め だ か や こ ぶ な の む れ に きょ ー う も い ち に ち
mp
い ろ う つ く し く さ ー け よ さ け よ と さ さ や き な が ら
ひ な た で お よ ぎ あ ー そ べ あ そ べ と さ さ や き な が ら

春のうた

19 ぶんぶんぶん

村野四郎　訳詞／ボヘミア民謡

♩= 104
mf
mp
1. ぶん　ぶん　ぶん　は　ち　が　と　ぶ
2. ぶん　ぶん　ぶん　は　ち　が　と　ぶ
お　い　け　の　ま　わ　り　に　の　ば　ら　が　さ　い　た　よ
あ　さ　つ　ゆ　き　ら　き　ら　の　ば　ら　が　ゆ　れ　る　よ
ぶん　ぶん　ぶん　は　ち　が　と　ぶ
ぶん　ぶん　ぶん　は　ち　が　と　ぶ

20

春のうた

めだかのがっこう

茶木　滋　作詞／中田喜直　作曲

明るく元気に 美しく
mp
1. め だ か の がっ こ う は かわ の な か そ ーっと の ぞ い て み て ご ら ん そ ーっと の ぞ い て み て ご ら ん みん な で お ゆ う ぎ し て い る よ
2. め だ か の がっ こ う の め だ か た ち だ れ が せ い と か せ ん せ い か だ れ が せ い と か せ ん せ い か みん な で げ ん き に あ そ ん で る
3. め だ か の がっ こ う は う れ し そ う み ず に な が れ て つ―― いつい み ず に な が れ て つ―― いつい みん な が そ ろ っ て つ――いつい
mp (2.3.番は mf)
p
mp
pp
mf

夏のうた

21 アイスクリームのうた

佐藤義美　作詞／服部公一　作曲

少し遅めの行進曲

1. おと
2. おと
ぎばなしの　おうじでも　むかしは　とても　たべられない　アイ
ぎばなしの　おうじょでも　むかしは　とても　たべられない　アイ
スクリーム　アイスクリーム　ぼく
スクリーム　アイスクリーム　わた

は おうじでは ないけれど アイス クリームを めしあがる スプ
し はおうじょでは ないけれど アイス クリームを めしあがる スプ
ーン ですくって ピチャ チャ チャ したに のせると トロンートロ のど
ーン ですくって ピチャ チャ チャ したに のせると トロンートロ のど
を おんが くたいが とおります プカ
を おんが くたいが とおります プカ
プ カドン ドン つめたいね ルラル ラル ラ あまいね チー
プ カドン ドン つめたいね ルラル ラル ラ あまいね チー
1
3 1 2 3
1 2
4 4
1
3 2 3 5 3

1.
タカ タッ タッ タッ おいしいね アイスクーリームはたのしいね
タカ タッ タッ タッ おいしいね アイスクーリームは
2.
たのしいね おとぎばなしの おうじでも むかしはとても
たべられない アイスクリーム アイスク
リーム ー

夏のうた

22 あめふりくまのこ

鶴見正夫 作詞／湯山 昭 作曲

やさしく はなしかけるように ♩=104くらい
mp
dolce
mf
1. お やま に あ ーめ が
2. い たず ら く まの こ
3. な んに も い ない と
4. そ れで も ど こか に
☆5. な かな か や まな い
☆ 5番はゆっくりしたテンポで歌います
ふ りま し た あ とか ら あ とか ら ふ って き
か けて き て そ う一っ と の ぞい て み てま し
く まの こ は お みず を ひ とく ち の みま し
い るよ う で も いち ど の ぞい て み てま し
あ めで し た か さで も か ぶーっ て い ましょう

mf
て ちょろちょろおがわができました
た さかながいるかとみてました
た おててですく一ってのみました
た さかなをまちまちみてました
と あたまにはっぱをのせました
間奏（３番のあとのみ）
mp
dolce
mf
D.S.
Coda
più f
mp

23

夏のうた

ありさんのおはなし

都築益世　作詞／渡辺　茂　作曲

1. ありさん　の　おはなし
2. ありさん　の　おはなし
きいた　か　ね　ちいさ　な　こえだ　が　きこえ　た　よ
きいた　か　ね　ないしょ　の　こえだ　が　きこえ　た　よ
おいし　い　おかし　を　みつけ　た　よ　となり　の　おうち　の
おおき　な　ももの　み　みつけ　た　よ　みんな　で　なかよ　く
おにわ　だ　よ
たべに　こ　い
mf

24 夏のうた イルカはザンブラコ

東　龍男　作詞／若松正司　作曲

元気に
1. イ ル カ は ザン ブ ラ コ イ ル カ は ザン ブ ラ コ お お な み
2. バ ッ タ は ピョン ピョコピョン バ ッ タ は ピョン ピョコピョン の は ら を
3. カ エ ル は ジャン ブ ラ コ カ エ ル は ジャン ブ ラ コ お い け に
ザン ブ ラ コ は ね る ぞ イ ル カ は い る か お や こ で
ピョン ピョコピョン と び こ せ バ ッ タ は バ テ た お や こ で
ジャン ブ ラ コ と び こ む カ エ ル は か え る お や こ で
1.2.
3.
い る か ザン ブ ラ コ こ え ろ よ ー ー
バ テ た ピョン ピョコピョン と び こ せ ー
か え る ジャン ブ ラ コ か え る よ

25

夏のうた

うみ

林　柳波　作詞／井上武士　作曲

♩=88
mf
mf legato
1. う み は ひ ろ い な お お き い な
2. う み は お お な み あ お い な み
3. う み に お ふ ね を う か ば せ て
f
mf
つ き が の ぼ る し ひ が し ず む
ゆ れ て ど こ ま で つ づ く や ら
い 一っ て み た い な よ そ の く に

夏のうた

26 おつかいありさん

関根栄一 作詞／團 伊玖磨 作曲

Allegretto scherzando
1. あ んま り い そい で
2. あ いた た ご めん よ
こ っつ ん こ
そ のひょ う し
あ りさん と あ りさん と こ っつ ん
わ すれ た わ すれ た お つか い
こ
を
あっ ち いっ て ちょん ちょん こっ ち き て ちょん
あっ ち いっ て ちょん ちょん こっ ち き て ちょん

夏のうた

27 オバケなんてないさ

まきみのり 作詞／峯　陽 作曲

Allegretto
1. おばけなんてないさ おばけなんてうそさ
2. ほんとにおばけが でてきたらどうしよう
3. だけどこどもなら ともだちになろう
4. おばけのともだち つれてあるいたら
5. おばけのくにでは おばけだらけだってさ
ねーぼけたひとが みまちがえたのさ
れいぞうこにいれて かちかちにしちゃおう
あくしゅをしてから おやつをたべよう
そこらじゅうのひとが びっくりするだろう
そんなはなしきいて おふろにはいろう
だけどちょっとだけどちょっと

1.2.3.4.
ぼ くだっ てこ わ い な
おばけなん てな いさ
おばけなん てう そさ
5.
おばけなん てう そ さ

夏のうた

28 かたつむり

文部省唱歌

mf
1. でんでん むしむし
2. でんでん むしむし
f
mf
かたつむり おまえの あたまは どこにあ
かたつむり おまえの めだまは どこにあ
f
る つのだせ やりだせ あたまだせ
る つのだせ やりだせ めだまだせ
f

29

夏のうた

しゃぼん玉

野口雨情　作詞／中山晋平　作曲

愉快に ♩=72
1. しゃ ぼんだ ま と ん だ や ね ま で と ん だ や ね ま で と ん で
2. しゃ ぼんだ ま き え た と ば ず に き え た う ま れ て す ぐ に
こ わ れ て き え た か ぜかぜ ふ く な しゃぼんだ ま と ば そ
こ わ れ て き え た

30 夏のうた

とけいのうた

筒井敬介　作詞／村上太朗　作曲

中くらいの速さで
mp
1. 2. コチコチカッチン　おとけいさん　コチコチカッチン
うごいてる
mf
こ　ども　の　は　り　と　お　とな　の　は　り　と
こ　ども　が　ピョ　コ　リ　お　とな　が　ピョ　コ　リ
p
こんにちは　さよう なら
mp
コチコチカッチン
1.
さよう なら
2.
さよう なら

31 夏のうた

トマト

荘司 武 作詞／大中 恩 作曲

♩=78くらい
1. トマトって かわいいなまえだね うえからよんでも トマト したからよんでも トマト
2. トマトって なかなかおしゃれだね ちいさいときには あおいふく おおきくなったら あかいふく

夏のうた

32 とんでったバナナ

片岡　輝　作詞／櫻井　順　作曲

♩= 132
1
2
2
1

1. バナ ナが いっ ぽん あり まし た あ おい みな みの
2. こと りが いち わ おり まし た や しの こか げの
3. き みは いっ たい だれ なの さ こと りが バナ ナを
4. ワ 二が いっ ぴき おり まし た し ろい しぶ きの
5. ワ 二と バナ ナが おど りま す ボン ボコ ツル リン
6. おふ ねが いっ そう うか んで た おひ げを はや した
4
3
5

そら のし た こど も が ふた りで とり や っ こ
すの なか で おそ ら を みあ げた その と き に
つつ きま す こ れ は たい へん いち だ い じ
すな はま で おど り を おど って おり ま す と
ボン ツル リ あん ま り ちょう しに のり す ぎ て
せん ちょう さん グー グ ー おひ るね いい き も ち
1
3

バナ ナは ツ ルン と とん でっ た バ ナ ナ はど こへ
バナ ナが ツ ルン と とび こん だ は ね も ない のに
バナ ナが ツ ルン と にげ だし た た べ ら れちゃう なんて
バナ ナが ツ ルン と とん でき た お ひ さ まにこ にこ
バナ ナは ツ ルン と とん でっ た おバ ナ ナ はど こへ
おく ちを ポ カン と あけ てた ら バ ナ ナ がスポ ンと
いっ た かな バ ナ ナ ン バ ナ ナ ン バ ナ ァ ナ
ふん わ り こ バ ナ ナ ン バ ナ ナ ン バ バ ナ ァ ナ
やな こ っ た バ ナ ナ ン バ ナ ナ ン バ バ ナ ァ ナ
いい て ん き バ ナ ナ ン バ ナ ナ ン バ バ ナ ァ ナ
いっ た か な バ ナ ナ ン バ ナ ナ ン バ ナ ァ ナ
とび こ ん だ
Coda
モ グ モ グ モ グ モ グ た べちゃっ た た べちゃっ た た べちゃっ た
Coda
f
f

夏のうた

33 ながぐつマーチ

上坪マヤ　作詞／峯　陽　作曲

♩= 104
1. な　がぐ　つは　いて　る　ね　ドン ドン　ガ　ボガ　ボあ　るこ　う　ね　ドン ドン
2. な　がぐ　つは　いて　る　ね　ドン ドン　ガ　ボガ　ボあ　るこ　う　ね　ドン ドン
ど　ろん　こみ　ちで　も　さ　ドン　ドン　ホ　ラ へい　き　であ　るこ　う　よ　ドン ドン
み　ずた　まり　一で　も　さ　ドン　ドン　ホ　ラ みん　な　でげ　んき　よ　く　ドン ドン

夏のうた

34 にじのむこうに

坂田　修　作詞・作曲／中村ますみ　編曲

あめがあがったよ　おひさまがでてきたよ　あ
おいそらのむこうにはにじがかかったよー
さがしにゆこう　ぼくらのゆめを

にじのむこうに なにが あるんだろう て
とてをつなげば げんきが でるのさー ま
ほうみたいだね どこでも ゆけるさー
このゆびにー とまれ （おーい！）

しゅっぱつだぞー　あつまれー　(おー い!)
つないだてとてに　つたわるよ　あったかい
あめがあがったよ　おひさまがでてきたよ　あ
ポッカポカのおひさまとおなじにおいがするー
おいそらのーむこうにはにじがかかったよ
ー　にじが　かかったよー

夏のうた

35 はをみがきましょう

則武昭彦　作詞・作曲

♩=104
1. は　をみ　が　き　ましょう　シュッ　シュッ　シュッ
2. は　をみ　が　き　ましょう　シュッ　シュッ　シュッ
3
5
1
3
1
2 3
4
ぶ　らし　の　た　いそ　う　おい　っちに　おい　っちに
こ　ろこ　ろ　う　がい　も　ほ　らね　ほ　らね
3
5
2 4
1
4
2
じょ　うぶ　な　は　にな　れ　シュッ　シュッ　シュッ
まっ　しろ　い　は　にな　れ　シュッ　シュッ　シュッ
4
2
1
3 2
1
5
1
2
5
3
5

36

夏のうた

水あそび

東　くめ　作詞／滝　廉太郎　作曲

= 104
みずを　たくさん　くんで　きて
みずでっぽうで　あそびましょう
いち　にい　さん　し　しゅっ　しゅっ　しゅっ

夏のうた

37 南の島のハメハメハ大王

伊藤アキラ 作詞／森田公一 作曲／石井庸介 編曲

♩= 126
mf
1. みなみのーしまの だいおうは そのなもいだいな ハメハメハ
2. みなみのーしまの だいおうは じょおうのなまえも ハメハメハ
3. みなみのーしまの だいおうは こどものなまえも ハメハメハ
4. みなみのーしまに すむひとは だれでもなまえが ハメハメハ
ロマーンチックな おうさまで かぜのすべてが かれのうた
とてーもやさしい おくさんで あさひのあとで おきてきて
がっこうぎらいの こどもらで かぜがふいたら ちこくして
おぼーえやすいが ややこしい あうひとあうひと ハメハメハ

ほしのすべてが かれのゆめ
ゆうひのまえに ねてしまう
あめがふったら おやすみで
だれでもだれでも ハメハメハ
ハメハメハ ハメハメハ
1.2.3.
4.
ハメハメハメハメ ハ
ハ
ハメハメハ
ハメハメハ ハメハメハメハメ ハ ー

38

秋のうた

いもほりのうた

高杉自子　作詞／渡辺　茂　作曲

= 112
mf
1.～3. うん　と こ しょ
どっ こい しょ　うん と こ しょ　どっ こい しょ　で て く る お い も は
ど ろ ん こ お い も
f
でっ　かい　ぞ
ちっ　ちゃい　ぞ
まっ　かだ　よ
(拍手)

秋のうた

39 こおろぎ

関根栄一　作詞／芥川也寸志　作曲

♩=76
mp
mf
1. こ　おろ　ぎ　ちろちろりん　こ　おろ　ぎ　ころころりん
2. に　いさ　ん　ちろちろりん　お　とう　と　ころころりん
3. や　さし　い　ちろちろりん　か　わい　い　ころころりん
ちろちろりん　ころころりん　く　さの　な　か　か
ちろちろりん　ころころりん　う　たい　ま　す
ちろちろりん　ころころりん　く　さの　な
1.2.
3.

秋のうた

40 きのこ

まど・みちお 作詞／くらかけ昭二 作曲

♩ = 132 8va
f
mp
1. き き きのこ き き
2. き き きのこ き き
きのこ ノコノコ ノコノコ あるいたり しない き き
きのこ ニョキニョキ ニョキニョキ うでなんか ださない き き
きのこ き き きのこ ノコノコ あるいたり しないけ
きのこ き き きのこ ニョキニョキ うでなんか ださない

ど ぎ ん の あ め あ め ふっ た ら ば せ い が
が ぎ ん の あ め あ め ふっ た ら ば か さ が
の び て く る る る る る る る る
お お き く な る な る な る な る
い き て る い き て る い き て る い き て る き の こ は
い き て る い き て る い き て る い き て る き の こ は
い き て る ん だ ね
い き て る ん だ ね
8va
gliss.
f

秋のうた

41 ちいさい秋みつけた

サトウハチロー 作詞／中田喜直 作曲

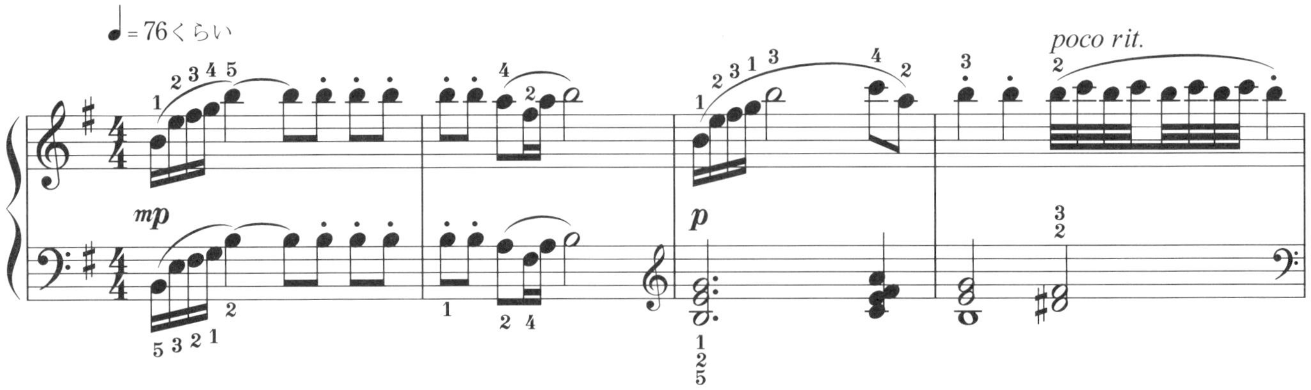
♩=76くらい
poco rit.

1.～3. だ れかさんが だ れかさんが だ れかさんがみ つけた ちいさいあ きちいさいあ き ちいさいあ き み つけた
a tempo

め かくしお にさん て のなるほうへ す ましたおみみに かすかにしみた
お へやはき たむき く もりのガラス う つろなめのいろ とかしたミルク
む かしのむ かしの か ざみのとりの ぼ やけたとさかに はぜのはひとつ

(a tempo)
dim.
よ んでるくちぶえ　もずのこえ
わ ずかなすきから　あきのかぜ
は ぜのはあかくて　いりひいろ
ちいさいあ きちいさいあ き　ちいさいあ き み つけた
1.
2.
D.S.
Coda
poco rit.
a tempo
ちいさいあ き み つけた　ー

秋のうた

42 こぎつね

勝　承夫　訳詞／ドイツ民謡

♩=100
mf
1. こ ぎ つ ね コン コン や ま の な か
2. こ ぎ つ ね コン コン ふ ゆ の や ま
3. こ ぎ つ ね コン コン あ な の な か
p
や ま の な か
ふ ゆ の や ま
あ な の な か
mf
く さ の み つ ぶ し て お け しょ う し た り も み じ の か ん ざ し つ げ の く し
か れ は の き も の じゃ ぬ う に も ぬ え ず き れ い な も よ う の は な も な し
お お き な し っ ぽ は じゃ ま に は な る し こ く び を か し げ て か ん が え る

秋のうた

43 つき

文部省唱歌

美しく ♩=88
mf
1. で た で た
2. か く れ た
3. ま た で た
つ き が
く も に
つ き が
f
ま ーる い ま ーる い ま ん ま る
く ーろ い く ーろ い ま っ く ろ
ま ーる い ま ーる い ま ん ま る
い
いい
いい
ぼ ー ん の よう な つ き が
す ー み の よう な く も に
ぼ ー ん の よう な つ き
1.2.
3.
が

秋のうた

44 でぶいもちゃんちびいもちゃん

まど・みちお 作詞／湯山 昭 作曲

あどけなく ♩=116くらい
1. で ぶい も ちゃん つ ちー の な か で
2. ち びい も ちゃん つ ちー の な か で
な に し て た の
な に し て た の

もぐらとおすもうなんか
みみずとおけーんかなんか
してたのかい
してたのかい

秋のうた

45 どんぐりころころ

青木存義　作詞／梁田　貞　作曲

1. どん ぐり コ ロ コ ロ
2. どん ぐり コ ロ コ ロ
ドン ブ リ コ
よろ こ ん で
お い け に は まっ て
し ば ら く いっ しょ に
さあ た い へん
あそ ん だ が
ど じょ う が で て き て
や っ ぱ り お や ま が
こん に ち は
こい し い と
ぼっ ちゃん いっ しょ に
ない ては どじょ う を
あ そ び ま しょう
こ ま ら せ た

秋のうた

46 とんぼのめがね

額賀誠志　作詞／平井康三郎　作曲

軽快に たのしく ♩=112
1. と ん ぼ の
2. と ん ぼ の
3. と ん ぼ の
め が ね は み ず い ろ め が ね あ ー お い お そ ら を
め が ね は ぴ か ぴ か め が ね お て ん と さ ー ま を
め が ね は あ か い ろ め が ね ゆ う や け ぐ ー も を
と ん だ か ら と ん だ か ら ー
み て た か ら み て た か ら ー
と ん だ か ら と ん だ か ら ー

秋のうた

47 ポンポコたぬき

天野 蝶 作詞／一宮道子 作曲

♩=132
ポン ポ コ ポン ポン ポ コ ポン ポン ポ コ た ぬ き が ポン ポ コ ポン
お や ま で お つ き み だ ポン ポ コ ポン ポン ポ コ ポン
そ れ も ひ と つ ポン ポ コ ポン

秋のうた

48 まつぼっくり

広田孝夫　作詞／小林つや江　作曲

おはなしをするように ♩= 84
まつ ぼっ く り が あっ た と さ た か い お や ま に
あっ た と さ こ ろ こ ろ こ ろ こ ろ あっ た と
さ お さ る が ひ ろっ て た べ た と さ

49

秋のうた

虫のこえ

文部省唱歌

♩= 80
mf
mp
p
f
1. あれまつ むしが ないてい る チンチロ チンチロ チンチロリン あれすず むしも なきだし た リンリン リンリン リーンリン
2. キリキリ キリキリ こおろぎ や ガチャガチャガチャガチャ くつわむし あとから うまおい おいつい て チョンチョンチョンチョン スイッチョン
あ きの よながを なきとおす ああ おもしろい むしのこえ

50

秋のうた

やきいもグーチーパー

阪田寛夫　作詞／山本直純　作曲

たのしく
や きい もや きい も
お なか が グー
ほ かほ かほ かほ か
あ ちち のチー
た べた らな くな る
な んに もパー
そ れ や きい も まと めて
1.
グー チー パー
2.
グー チー パー

51 秋のうた
夕やけこやけ

中村雨紅　作詞／草川　信　作曲

♩= 84
mf
pp
p
f
8vb
1. ゆ う や け こ や け で
2. こ ど も が か え っ た
ひ が く れ て や ま の お て ら の
あ と か ら は ま る い お お き な
か ね が な る お ー て て つ な い で
お つ き さ ま こ と り が ゆ め を ー

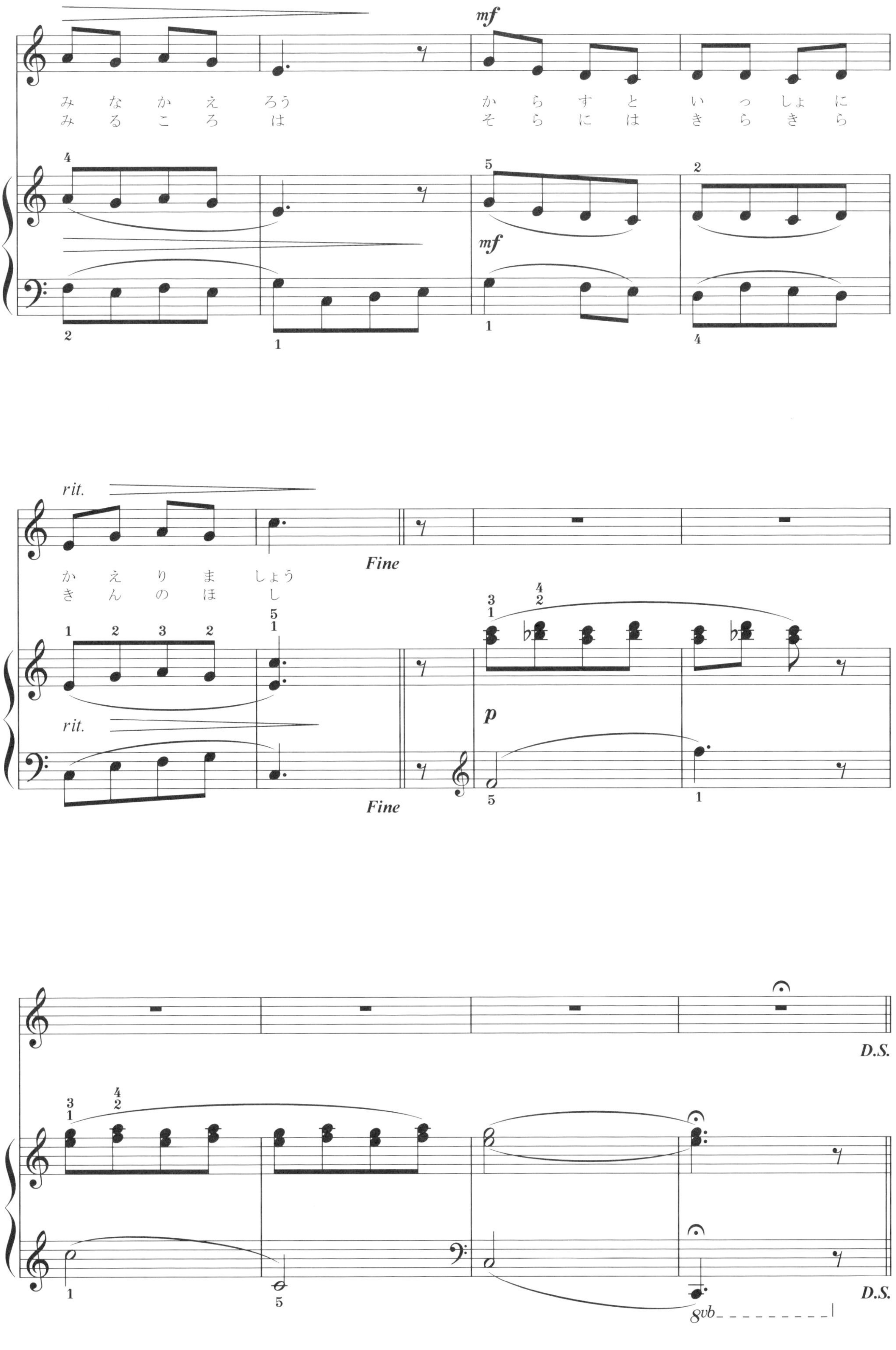
mf
みなかえろう　からすといっしょに
みるころは　そらにはきらきら
rit.
かえりましょう
きんのほし
Fine
p
rit.
Fine
8vb
D.S.
D.S.

秋のうた

52 山の音楽家

水田詩仙　訳詞／ドイツ民謡

明るく元気よく ♩＝92

mf
1. わ　た しゃ お ん が く か や ま の こ り
た しゃ お ん が く か や ま の こ と
た しゃ お ん が く か や ま の た ぬ
f
す じょ う ず に バ イ オリ ン ひ い て み ま しょう キュキュ キュキュキュキュキュキュ
り じょ う ず に フ ル ー ト ふ い て み ま しょう ピ ピ ピ ピ ピ ピ ピ
き じょ う ず に た い こ を たた い て み ま しょう ポ コ ポンポンポン ポ コ
p
f
1.2.
3.
キュ キュ キュキュキュ キュ キュ キュキュキュ キュ キュ キュ い か ー が で す す
ピ ピ ピ ピ ピ ピ ピ ピ ピ ピ ピ ピ ピ い か ー が で す 2. わ
ポン ポン ポン ポ コ ポン ポン ポン ポ コ ポン ポン ポン い か ー が で 3. わ

冬のうた

53 きよしこの夜

J. Mohr　作詞／由木　康　訳詞／ F. X. Gruber　作曲

き　ーよ　し　こ　のよ　る　ほ　し　は　ひ　か　り
す　く　い　ーの　み　ーこ　は　み　は　は　ーの　む　ーね　に
ね　む　り　ーた　も　う　ゆ　ー　め　や　ーす　く　ー

冬のうた

54 赤鼻のトナカイ

新田宣夫　訳詞／ J. Marks　作曲

= 72
まっ かなお は な の トナカイさ ん は いつ もみ ん
な の わーらーい も の でも その と し の
クリスマス の ひ サン タのお じ さん は いーいーま し

た　くらいよ　みちはー　ピカピカ　の
おまえの　はなが　やくにたつのさー
いつもないてた　トナカイさんは
こよいこそはと　よろこびました

冬のうた

55 あわてんぼうのサンタクロース

吉岡　治　作詞／小林亜星　作曲

Moderato ♩= 104
Bright in 2 𝅗𝅥 = 126
poco rit.
1. あ わ てん ぼう の サ ン タ ク ロ ー ス ク リ ス マ ス ま え に
てん ぼう の サ ン タ ク ロ ー ス え ん と つ の ぞ い て
てん ぼう の サ ン タ ク ロ ー ス し か た が な い か ら
てん ぼう の サ ン タ ク ロ ー ス も い ち ど く る よ と
てん ぼう の サ ン タ ク ロ ー ス ゆ か い な お ひ げ の

や っ て き た い そ い で リン リン リン い そ い で リン リン
お っ こ ち た た あ い た た ドン ドン ドン あ い た た ドン ドン
お ど っ た よ た の し く チャ チャ チャ た の し く チャ チャ
か え っ て く さ よ な ら シャラ ラン ラン さ よ な ら シャラ ラン
お じ い さ ん リン リン リ ン チャ チャ チャ ドン ドン ド ン シャラ ラン
リン な ら し て お く れ よ か ね を ー リン リン
ドン ま っ く ろ く ろ け の お か お ー ドン ドン
チャ み ん な も お ど ろ よ ぼ く と ー チャ チャ
ラン タン ブ リ ン な ら し て き え た ー シャラ ラン
ラン わ す れ ちゃ だ め だ よ お も ちゃ ー リン リン
1.2.3.4.
5.
リン リン リン リン リン リン リン
ドン ドン ドン ドン ドン ドン ドン
チャ チャ チャ チャ チャ チャ チャ
ラン シャラ ラン ラン シャラ ラン ラン
リン チャ チャ チャ ドン シャラ ラン
2. あ わ
3. あ わ
4. あ わ
5. あ わ

冬のうた

56 うさぎ野原のクリスマス

新沢としひこ　作詞／中川ひろたか　作曲

おちゃめに
1. 2. う さ ぎ の は ら の こ う さ ぎ た ち は
そ ら に か
パ パ と マ
が や く ほ し を み な が ら
マ に は き こ え ぬ よ う に
サン タ ク ロ ー ス に
お い の り し て る よ
お み み を つ つ む ぼ う し を く だ
ひ と ふ ゆ ぶ ん の に ん じ ん く だ

さい さい ラ ラ ラ ほ し は キ ラ キ ラ ー と お く キ
ラ キ ラ ー ま ど の む こ う か ら ウイン ク し て
る き っ と ね が い が か な い そ ー う
な う さ ぎ の は ら の ク リ ス マ ス
1 3 3 1 1 1 1 2 2 1 2 3 5 3 1

冬のうた

57 北風小僧の寒太郎

井出隆夫　作詞／福田和禾子　作曲

♩=120
mp
mp
1.きた　かぜー　ー　こぞうの
かぜー　ー　こぞうの
かぜー　ー　こぞうの

f
かんたろう　ー　ことしもー　ーまちまで
かんたろう　ー　くちぶえー　ーふきふき
かんたろう　ー　でんしんー　ーばしらも
やってきた　ー　ヒュー　ンヒュー　ン
ひとりたび　ー　ヒュー　ンヒュー　ン
ないている　ー　ヒュー　ンヒュー　ン
ヒュルルー　ンルンルンルンー　ふゆでー　ござんーす
ヒュルルー　ンルンルンルンー　さむうー　ござんーす
ヒュルルー　ンルンルンルンー　ゆきでー　ござんーす
ヒュルル　ルル　ル　ルン　ー　ー　ー
ヒュルル　ルル　ル　ルン　ー　2.きた
ヒュルル　ルル　ル　ルン　3.きた
1.2.
3.

冬のうた

58 コンコンクシャンのうた

香山美子　作詞／湯山　昭　作曲

演奏順序 ～ A1 B A2 B A3 B A4 B A5 B

A1 りすを暗示させるように、かわいらしく
mp
mf
gliss.
8va
f
A2 ゆっくり、つるを暗示させるように
mp
espress.
p
Ped.
A3 ぶたを暗示させるように
mf
più f
Ped.
A4 ゆっくり、かばを暗示させるように
f
sf
Ped.
A5 ゆっくり、ぞうを暗示させるように
mp
mf
8va

B ♩=108くらい
mf
1. りすさんが マスクした
2. つるさんが マスクした
3. ぶうちゃんが マスクした
4. かばさんが マスクした
5. ぞうさんが マスクし
p
ちいさい ちいさい ちいさい ちいさい
ほーそい ほーそい ほーそい ほーそい
まあるい まあるい まあるい まあるい
おおきい おおきい おおきい おおきい
なーがい なーがい なーがい なーがい
f
マスクした
マスクした
マスクした
マスクした
マスクした
più f
コンコンコンコン クシャン
コンコンコンコン クシャン
コンコンコンコン クシャン
コンコンコンコン クシャン
コンコンコンコン クシャン
mp
Ped.

冬のうた

59 サンタが町にやってくる

タカオカンベ 訳詞／ J. F. Coots 作曲

Allegro
さあ あなた か ら
メリー クリス マス わ た し か ら メリー クリス マス サン タ クロースイズ
カ ミン トゥ タウン ー ね きこえ て くるで しょ

すずのねがすぐそこに サンタクロースイズカミントゥ
タウンー
まちきれないでおやすみしたこにきっとすばらしいプレゼントもって
クリスマスイヴをゆびおりかぞえたおさないおもいでもこよいなつかし
さあ
D.S.
Coda
サンタクロースイズカミントゥタウンー

《SANTA CLAUS IS COMIN' TO TOWN》
Words by HAVEN GILLESPIE Music by J. FRED COOTS

冬のうた

60 ジングルベル

J. Pierpont　作詞・作曲／宮澤章二　訳詞

1. は　し　れ　そ　り　よ　か
し　れ　そ　り　よ　お
ぜ　の　よ　う　に　ゆ　き　の　な　か　を　か　る　く　は　や　く　わ
か　の　う　え　は　ゆ　き　も　し　ろ　く　か　ぜ　も　し　ろ　く　う
ら　い　ご　え　を　ゆ　き　に　ま　け　ば　あ　か　る　い　ひ　か　り　の　は
た　う　こ　え　は　と　ん　で　い　く　よ　か　が　や　き　は　じ　め　た　ほ

f
なになるよ
しのそらへ
ジングルベル　ジングルベル　すずがなる
すずのリズムにひかりのわがまう　ジングルベル　ジングルベル
すずがなる　もりにはやしにひびきながら
1.
2.
びきながら
2.は

冬のうた

61 たき火

巽 聖歌 作詞／渡辺 茂 作曲

♩=104
1. かきねの かきねの まがりかど
2. さざんか さざんか さいたみち
3. こがらし こがらし さむいみち
たきびだ たきびだ

おちばたき　あたろうか　あたろう
おちばたき　あたろうか　あたろう
おちばたき　あたろうか　あたろう
よ　きたかぜ　ピープー　ふいている
よ　しもやけ　おててが　もうかゆい
よ　そうだん　しながら　あるいてく
1.2.
3.

冬のうた

62 雪

文部省唱歌

はずんで 明るく ♩= 92
1. ゆ ーき や こん こ あ られ や こん こ ふっ て は
2. ゆ ーき や こん こ あ られ や こん こ ふっ て も
ふっ て は ず んず ん つ もる や ーま も の は ら も
ふっ て も ま だふ り や まぬ い ーぬ は よ ろ こ び
わ たぼう し か ぶ り か れ き の こ ら ず は な が さ く
に わ か け ま わ り ね こ は こ た つ で ま る く な る

冬のうた

63 雪のこぼうず

村山寿子 訳詞／作曲者不詳（外国曲）

♩= 63
1. ゆ きの こ ぼ う ず ゆ きの こ ぼ う ず や ね に お り た
2. ゆ きの こ ぼ う ず ゆ きの こ ぼ う ず い け に お り た
3. ゆ きの こ ぼ う ず ゆ きの こ ぼ う ず く さ に お り た
つ る り と す べっ て か ぜに のっ て き え た
す る り と も ぐっ て みん な みん な き え た
じ ー っ と す わっ て み ずに なっ て き え た

冬のうた

64 雪のペンキやさん

則武昭彦　作詞／安藤　孝　作曲

♩= 72
mf
1. ゆきのペンキやさんは　おそらから　ちらちら
2. ゆきのペンキやさんは　おおぜいで　ちらちら
おやねも　かきねも　ごもんも　みんな
おやねも　のはらも　はたけも　みんな
まっしろく　まっしろく　そめにくる
まっしろく　まっしろく　そめにくる

65 冬のうた

ゆげのあさ

まど・みちお　作詞／宇賀神光利　作曲

元気に
mf
1. お は よう　お は よう
2. こ ど も も　お と な も
3. お は よう　お は よう
ゆ げ が で る　は な か ら　く ち か ら　ぽっぽっぽ　ぽっぽっぽ　き しゃぽっぽ
ほ ら い ぬ も　は な か ら　く ち か ら　ぽっぽっぽ　ぽっぽっぽ　き しゃぽっぽ
みんな お い で　は な か ら　く ち か ら　ぽっぽっぽ　ぽっぽっぽ　き しゃぽっぽ
1.2.
3.
み た い で　ゆ か い だ　な
み た い で　ゆ か い だ　な
しゅっぽっぽ で　あ そ ぼ う　よ
rit.

66

行事のうた

こいのぼり

近藤宮子　作詞／文部省唱歌

やねより たかい こいのぼーり おおきい
まごいは おとうさん ちいさい ひごいは
こどもたーち おもしろそうに およいでる

行事のうた

67 おかあさん

田中ナナ　作詞／中田喜直　作曲

♩=92くらい
mp 子
母
1. お か あさん な あ に
2. お か あさん な あ に
p
p
子
おか あさん て いい に おい
おか あさん て いい に おい
母
せんたくしていた にお いでしょ
おりょうりしていた にお いでしょ
母と子
しゃぼんのあわ の にお いでしょ
たまごやきー の にお いでしょ
1.
2.
Ped.

行事のうた

68 かめの遠足

新沢としひこ　作詞／中川ひろたか　作曲

1
2
1.かめのえんそくはみっかまえからリュック
のえんそくはよあけまえからみんな
るごはんをバスていでたべてそろそろ
のえんそくはよるになってもやまには
1 5 1
サックにおかしをつめるかめのだいすきなチョーコ
あつまるバスていにむかうおひるになってやっと
やまへむかいましょうかあしどりかるくくちぶえ
とてもとどかなかったあしたがあるさほしが

レート は ベタ ベ タ と け て も うた べら れ ない
つい た ら みん な と バ ス は も うい なか っ た
も で る や ま に つい た ら な にを しよ う か
きれ い だ か め は ね む る や まを ゆめ み て
のん び りい こ う のん び りい こ う い そい でい く と
す ぐお わる だ ろう のん び りい こ う のん び りい こ う
ゆっ く りい け ば ま だま だつ づ く く
2. か め
3. お ひ
4. か め
1.2.3.
4.

行事のうた

69 バスごっこ

香山美子　作詞／湯山　昭　作曲

たのしく ゆかいに ♩=126くらい
1. おおがたバス　に　のっ　てます　きっぷをじゅん　に
2. おおがたバス　に　のっ　てます　いろんなとこ　が
3. おおがたバス　に　のっ　てます　だんだんみち　が
わたしてね　おとなりへ　ハイ　おとなりへ　ハイ　おとなりへ　ハイ　おとなりへ　ハイ
みえるので　よこむいた　ア　うえむいた　ア　したむいた　ア　うしろむいた　ア
わるいので　ごっ　つんこ　ドン　ごっ　つんこ　ドン　ごっ　つんこ　ドン　ごっ　つんこ　ドン
おわりの　ひとは　ポケット　に！
うしろの　ひとは　ねーむっ　た！
おしくら　まんじゅう　ギュッギュッ　ギュッ！
f（2番は p）

行事のうた

70 すてきなパパ

前田恵子　作詞・作曲／越部信義　編曲

1. パ パ　パ パ　えら いえら い パ パ　せ か い の　だ れ よ り　え ら い ん
2. パ パ　パ パ　つよ いつよ い パ パ　せ か い の　だ れ よ り　つ よ い ん
だ　お お き な　お く ち で　わ ら っ た　ら　か い じゅ う　み た い に
だ　お こ っ た　お か お は　こ わ い け　ど　ほ ん と は　と っ て も
み え る け　ど　す て　き　な　す て き な　パ パ な ん　だ　だ
や さ し く　て　す て　き　な　す て き な　パ パ な ん
1.
2.

行事のうた

71 たなばたさま

権藤はなよ　作詞／林　柳波　補詩／下総皖一　作曲

mf
1. ささのは さらさら のきばに ゆれる おほしさま きらきら きんぎん すなご
2. ごしきの たんざく わたしが かいた おほしさま きらきら そらから みてる

行事のうた

72 うんどうかい

三越左千夫 作詞／木原 靖 作曲

1. まっ て た まっ て た
2. まっ て た まっ て た
うん どう かい ワー イ ワー イ あ か ぐ み だ
うん どう かい ワー イ ワー イ し ろ ぐ み だ
つ な ひ き だっ て ま け な い ぞ フレ フレ フレ フレ フレ フレ
か け っ こ だっ て ま け な い ぞ フレ フレ フレ フレ フレ フレ

行事のうた

73 お正月

東　くめ　作詞／滝　廉太郎　作曲

♩= 138
1. もう　いくつ　ねると　おしょうがつ
2. もう　いくつ　ねると　おしょうがつ
おしょうがつには　たこあげて　こまをーまわして
おしょうがつには　まりついて　おいばねついてー
あそびましょう　はやくーこいこい　おしょうがつ
あそびましょう　はやくーこいこい　おしょうがつ

行事のうた

74 たこのうた

文部省唱歌

♩= 112
mf
1. たこーたこーあがれかぜ
2. えだーこにーじだこどち
3. あれーあれーさがるひけ
よくうけてくもーまでー
らもまけずくもーまでー
ひけいとをあれーあれー
f
あがれてんまであがれ
あがれてんまであがれ
あがるはなすないとを
8va

75

行事のうた

もちつき

小林純一　作詞／中田喜直　作曲

𝅗𝅥 = 66くらい
1. も　ちつ　き　ぺったんこ　そ　れつ　け　ぺったんこ　つ　いた　ら
2. も　ちつ　き　ぺったんこ　そ　れつ　け　ぺったんこ　つ　いた　ら
の　ばーし　て　の　ーしも　ち　ぺったんこ
ま　るーめ　て　か　がみも　ち　ぺったんこ
(ぺっ　たん　ぺっ　たん　ぺっ　たん　こ)

行事のうた

76 豆まき

えほん唱歌

♩=100
f
1. お に は そ と
2. お に は そ と
ふ く は う ち
ふ く は う ち
p
ぱらっ ぱらっ ぱらっ ぱらっ ま め の お
ぱらっ ぱらっ ぱらっ ぱらっ ま め の お
mp
と お に は こっ そ り に げ て い く
と は や く おは い り ふ く の か み

行事のうた

77 うれしいひなまつり

サトウハチロー　作詞／河村光陽　作曲

典雅に　あまり速くなく
mf
mp
1. あかりをつけましょ　ぼんぼりに
2. おだいりさーまと　おひなさま
3. きーんのびょうぶに　うつるひを
4. きものをきかえて　おびしめて
おはなをあげましょ　もものはな
ふーたりならんで　すましがお
かーすかにゆーする　はるのかぜ
きょーうはわたしも　はれすがた

mf
ごにんばやーしのふえたいこ
およめにいらーしたねえさまに
おすこししろーざけめされたか
はるのやよーいのこのよきひ
mf
mp
きょうはたのしいひなまつり
よくにたかんじょのしろいかお
あかいおかおのうだいじん
なによりうれしいひなまつり
mp

行事のうた

78 一ねんせいになったら

まど・みちお　作詞／山本直純　作曲

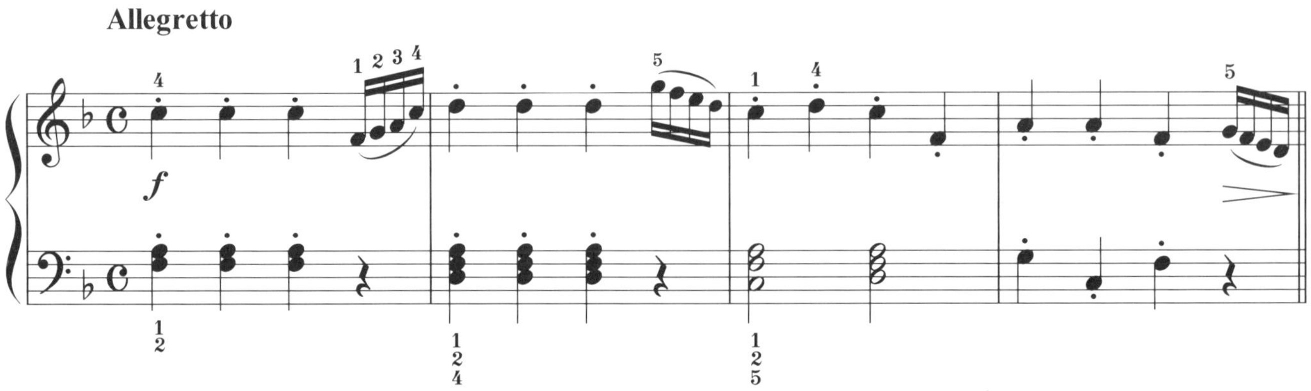
Allegretto
f

mf
1. い ちねん せ い に なっ た ら い ちねん せ い に なっ た ら
2. い ちねん せ い に なっ た ら い ちねん せ い に なっ た ら
3. い ちねん せ い に なっ た ら い ちねん せ い に なっ た ら
mf

(3番は小音符で)
f
と もだ ちひゃくに ん で きる かな ひゃ ーくにん ー で た べた い な
と もだ ちひゃくに ん で きる かな ひゃ ーくにん ー で か けた い な
と もだ ちひゃくに ん で きる かな ひゃ ーくにん ー で わ らい た い
f

ふ じさん の う え で　お に ぎ り を　ぱっ く んぱっ く ん ぱっ く んと
に っぽ んじゅ う を　ひ と ま わ り　どっ し んどっ し ん どっ し んと
せ か‐ いじゅ う を　ふ る わ せ て　わっ は はわっ は は わっ は っは
1.2.
3.
1.2.
3.
1
5
1

行事のうた

79 思い出のアルバム

増子とし　作詞／本多鉄麿　作曲

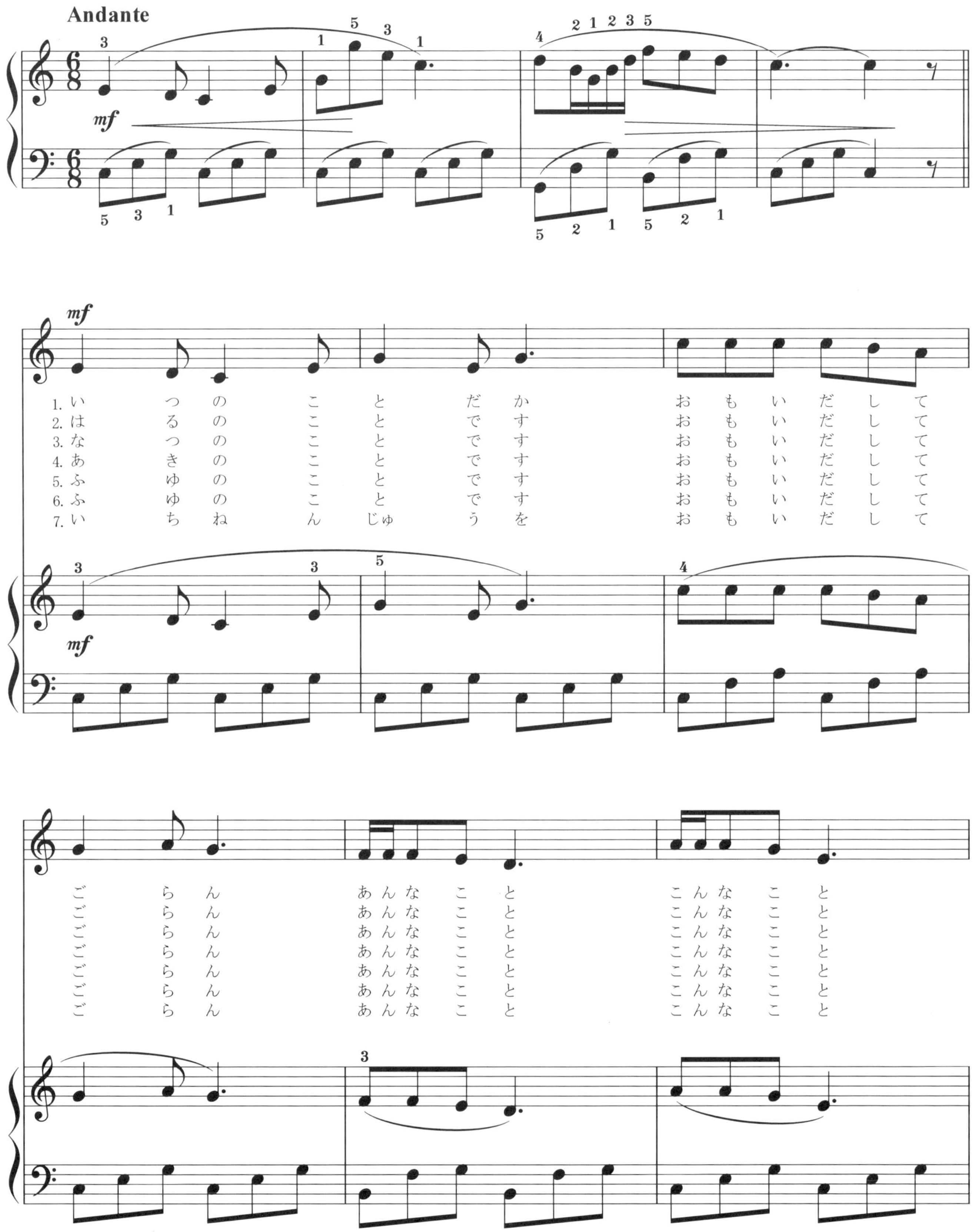
Andante
mf
1. いつのことだか　おもいだして　ごらん　あんなこと　こんなこと
2. はるのことです　おもいだして　ごらん　あんなこと　こんなこと
3. なつのことです　おもいだして　ごらん　あんなこと　こんなこと
4. あきのことです　おもいだして　ごらん　あんなこと　こんなこと
5. ふゆのことです　おもいだして　ごらん　あんなこと　こんなこと
6. ふゆのことです　おもいだして　ごらん　あんなこと　こんなこと
7. いちねんじゅうを　おもいだして　ごらん　あんなこと　こんなこと

mp
mf
f
あったでしょうー うれしかったこと おもしろかったこと いつになっても わーすれないー
あったでしょうー ぽかぽかおにわで なかよくあそんだ きれいなはなも さーいていたー
あったでしょうー むぎわらぼうしで みんなはだかんぼ おふねもみたよ すーなやまもー
あったでしょうー どんぐりやまの ハイキング ラララ あかいはっぱも とーんでいたー
あったでしょうー もみのきかざって メリークリスマス サンタのおじいさん わーらってたー
あったでしょうー さむいゆきのひ あったかいへやで たのしいはなし きーきましたー
あったでしょうー もものおはなも きれいにさいて もうすぐみんなは いーちねんせいー

行事のうた

80 さよならぼくたちのほいくえん・ようちえん

新沢としひこ　作詞／島筒英夫　作曲／早川史郎　編曲

♩= 86
1.たくさんのまいにちを ここですごしてきたね
んのまいにちを ここですごしてきたね
なんどわらって なんどないて なんどかぜをひい
うれしいことも かなしいことも きっとわすーれな

て　たくさん　のともだちと　ここで　あ　そんできた
い　たくさん　のともだちと　ここで　あ　そんできた
ね　どこで　はしって　どこで　ころんで　どこで　けんかをし
ね　みず(ｯ)　あそびも　ゆき(ｯ)　だるまも　ずっと　わすーれな
て　さよならぼくたちの　ほいくえん　ぼくたちのあそんだに
い　(ようちえん)

わ ー
さくらのはなーびら ふるころは ラン
このつぎあそーびに くるころは ラン
ドセルのーいちねんせい
ドセルのーいちねん
2.たくさ
1.
2.
せい
poco rit.

行事のうた

81 たんじょうび

清水俊夫　作詞／小沼裕子　作曲

たん じょ う び　は　う れ し　い な
たん じょ う び　は　た の し　い な
たん じょ う び　は　だ い　す き さ
お お き　く な　る か　ら だ い　す き さ
3
3
3
1
2
3

HAPPY
BIRTHDAY

行事のうた

82 Happy Birthday To You（お誕生日おめでとう）

M. J. Hill　作詞・作曲／P. S. Hill　作詞・作曲／高田三九三　訳詞

Lento
Hap - py birth - day to you, Hap - py birth - day to you, Hap - py
おめ で とう たん じょう び おめ で とう たん じょう び お め
birth - day dear (・・・), Hap - py birth - day to you.
で とう ディア (・・・ さん) おめ で とう たん じょう び

みんなのうた

83 あくしゅでこんにちは

まど・みちお 作詞／渡辺 茂 作曲

♩=108くらい
mf
1. て く て く て く て く あ る い て き て
2. も にゃ も にゃ も にゃ も にゃ お は な し し て
mf
あ く しゅ で こん に ち は
あ く しゅ で さよ う な ら
ご き げ ん い か が ー
ま た ま た あ し た ー

みんなのうた

84 アイ・アイ

相田裕美　作詞／宇野誠一郎　作曲

f

mf
1. アーイ　アイ（アーイアイ）　アーイ　アイ（アーイ アイ）　お さ　る さ ー ん だ　よ
2. アーイ　アイ（アーイアイ）　アーイ　アイ（アーイ アイ）　お さ　る さ ー ん だ　ね
mf

アーイ　アイ（アーイ アイ）　アーイ　アイ（アーイ アイ）　み な　み の し ま ー　の
アーイ　アイ（アーイ アイ）　アーイ　アイ（アーイ アイ）　き の　は の お う ー　ち
※

※ 1オクターブ上を右手で弾いても良い

アイアイ (アイアイ) アイアイ (アイアイ) しーっぽのながい
アイアイ (アイアイ) アイアイ (アイアイ) おめめのまるい
アーイ アイ (アーイ アイ) アーイ アイ (アーイ アイ) おさるさんだよ
アーイ アイ (アーイ アイ) アーイ アイ (アーイ アイ) おさるさんだね
mf

みんなのうた
85 犬のおまわりさん

佐藤義美　作詞／大中　恩　作曲

♩=104くらい
mf
mp
1. まいごの まいごの こねこちゃん あなたの おうちは どこですか おう
2. まいごの まいごの こねこちゃん あなたの おうちは どこですか から
ち をきいても わからない なまえ をきいても わからない
す にきいても わからない すずめ にきいても わからない

ニャンニャン ニャニャーン ニャンニャン ニャニャーン な いてばかりいる こねこちゃん
い ぬ の おまわりさん こまっ てしまっ て ワン ワン ワンワーン
ワン ワン ワンワーン

86 みんなのうた
うたえバンバン

阪田寛夫　作詞／山本直純　作曲／小島弘章　編曲

♩= 120
1. くー　ち をおお　き く　あ　けまし て
2. カッカカッカプン　プ ン　す　るかわ り
3. むー　ね をグー　ン と　は　りまし て
う　たーって ご　ら ん　アイ　アイ　アイ　そ のうたグン　グ ン　ひ　ろがっ て
う　たーって ご　ら ん　アイ　アイ　アイ　ちょ っぴ り お なか も　へ　るけ れ ど
う　たーって ご　ら ん　アイ　アイ　アイ　い　つで もどこ　で も　ど　なた で も
だ　れか の こ　ころ と　こん　に ち は　あ あ　あ　いい　な　ーうた ご
こ　ころ が ド　カン と　ひら　き ま す　あ あ　あ　いい　な　ーあお い
こ　ころ が ホ　カホ カ　あっ　た ま る　あ あ　あ　いい　な　ーうた ご

え は アイ アイ アー イ せ かい いっ ぱい いっ ぱい いーっ ぱい ラ ラ
そ ら アイ アイ アー イ あ た ら し い ひ が い ま ラ ラ
え は アイ アイ アー イ う ちゅう いっ ぱい いっ ぱい いーっ ぱい ラ ラ
ひ び き あ う ー
や ーっ て く る ー
ひ び き あ う ー
う た う た え ー う た う た え ー う たえ
バン バン バン バン バ ン う た う た え ー う た う た え ー う たえ
バン バン バン バン バーン バーン
1.2.
3.

みんなのうた

87 大きなたいこ

小林純一　作詞／中田喜直　作曲

♩= 66くらい
mp
mf
f
p
おお　き　な たい　こ　どーん　どーん
ちい　さ　な たい　こ　とん とん とん
おお　き　な たい　こ　ちい　さ　な たい　こ
どーん　どーん　とん　とん　とん

88

みんなのうた

おすもうくまちゃん

佐藤義美　作詞／磯部　俶　作曲

明るくはずんで ♩= 112
mf
1. お すもう く まちゃん く まの こ
2. お すもう く まちゃん く まの こ
f
mf
ちゃん は っけ よ いよ い はっ けよい はっ けよい ど ちら が つ よい か
ちゃん は っけ よ いよ い はっ けよい はっ けよい こ ろん で ま けて も
1.
2.
は ー(あ)っけよい し っか り し っか り し っか り ね
は ー(あ)っけよい な いて は だ めだ よ だ めで す よ

89

みんなのうた

おなかのへるうた

阪田寛夫　作詞／大中　恩　作曲

♩=112くらい
mp
mf
1. どうしておなかがへるのかな
2. どうしておなかがへるのかな
mf
mp
けんかをするとへるのかな
おやつをたべないとへるのかな
mp

なかよししてても へるもんなー
いーくらたべても へるもんなー
かあちゃん かあちゃん おなかとせなかが
かあちゃん かあちゃん おなかとせなかが
くっつくぞ
くっつくぞ

みんなのうた

90 おもちゃのチャチャチャ

野坂昭如　作詞／吉岡　治　補詞／越部信義　作曲

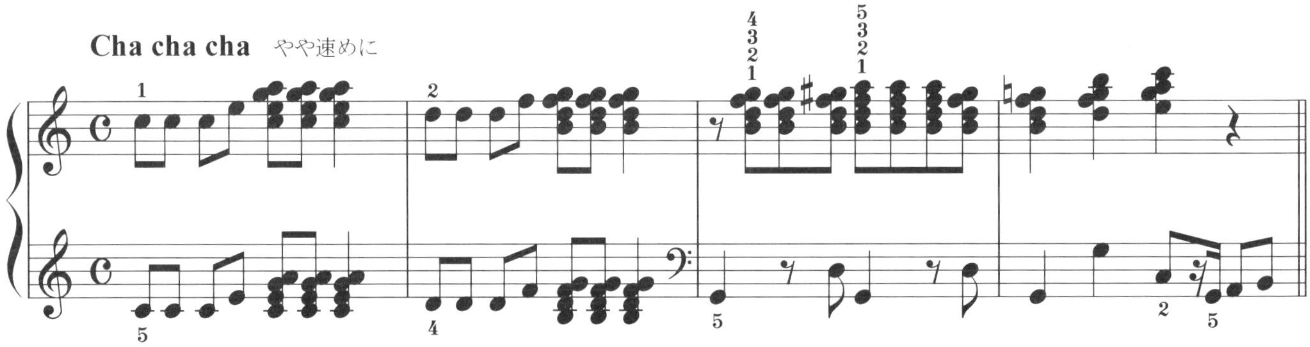
Cha cha cha　やや速めに

おもちゃのチャチャチャ　おもちゃのチャチャチャ　チャチャチャおもちゃの　チャ　チャ　チャ

1.　そらにキラキラ　おほしさま　みんなすやすや　ねむるころ
2.　なまりのへいたい　トテチテタ　ラッパならして　こんばんは
3.　きょうはおもちゃの　おまつりだ　みんなたのしく　うたいましょ
4.　そらにさよなら　おほしさま　まどにおひさま　てらすころ

おもちゃははこを　とびだして　おどるおもちゃの　チャ　チャ　チャ
フランスにんぎょう　すてきでしょ　はなのドレスで　チャ　チャ　チャ
こひつじメエメエ　こねこはニャー　こぶたブースカ　チャ　チャ　チャ
おもちゃはかえる　おもちゃばこ　そしてねむるよ　チャ　チャ　チャ
（２番後に間奏）
D.S.
Coda
おもちゃのチャチャチャ　おもちゃのチャチャチャ　チャチャチャおもちゃの
1.
チャ　チャ　チャ
2.
チャ　チャ　チャ
gliss.

みんなのうた

91 おはなしゆびさん

香山美子 作詞／湯山 昭 作曲

たのしくあそぶきもちで ♩= 116～120くらい
1. こ のゆ びパ パ ふ とっ ちょパ パ
2. こ のゆ びマ マ や さし いマ マ
3. こ のゆ びにい さん お おき いにい さん
4. こ のゆ びねえ さん お しゃれ なねえ さん
5. こ のゆ びあかちゃん よ ちよ ちあかちゃん
や あや あや あや あ ワ ハ ハ ハ ハ ハ ハ お ー はな し す る
ま あま あま あま あ ホ ホ ホ ホ ホ ホ ホ お ー はな し す る
オ スオ スオ スオ ス ヘ ヘ ヘ ヘ ヘ ヘ ヘ お ー はな し す る
ア ラア ラア ラア ラ ウ フ フ フ フ フ フ お ー はな し す る
ウ マウ マウ マウ マ ア ブ ブ ブ ブ ブ ブ お ー はな し す る

☆ 5番の♪.♪は、♪♪ のように歌ってください。
あかちゃん あかちゃん

みんなのうた

92 かくれんぼ

文部省唱歌／林 柳波 作詞／下総皖一 作曲

♩= 112
かくれんぼするもの よっといで
じゃんけんぽんよ あいこでしょ
(2回目 mp)
(3回目 p)
(1・2回目)「もう いい かい」「まあ だ だ よ」 よ」
(3回目)「もう いい かい」「もう い い
(mf・mp・p)

みんなのうた

93 かわいいかくれんぼ

サトウハチロー　作詞／中田喜直　作曲

可愛らしく ♩=104くらい
1. ひよこがね おにわでぴょこぴょこ
2. すずめがね おやねでちょんちょん
3. こいぬがね のはらでよちよち
かくれんぼ どんなにじょうずにかくれて
かくれんぼ どんなにじょうずにかくれて
かくれんぼ どんなにじょうずにかくれて
mp
pp
p
cresc.
Ped.

mf
dim.
も　き　いろ　い　あん　よ　が　み　えて　る　よ
も　ちゃ　いろ　の　ぼう　し　が　み　えて　る　よ
も　か　わい　い　しっ　ぽ　が　み　えて　る　よ
p
だん　だん　だぁ　れ　が　めっ　かっ　た　ー
だん　だん　だぁ　れ　が　めっ　かっ　た　ー
だん　だん　だぁ　れ　が　めっ　かっ　た　ー
poco rit.
pp

みんなのうた

94 クラリネットをこわしちゃった

フランス童謡／石井好子　訳詞／伊東慶樹　編曲

Moderato
1. ぼ く の だ　い す き な　ク ラ　リ
2. ド と レ と　ミ の お と　が　で
ネッ ト　パ パ か ら　も ら っ た　ク ラ　リ ネッ ト　とっ　て　も　だ い じ に
な い　ド と レ と　ミ の お と　が　で な い　とっ　て　も　だ い じ に
パ　パ　も　だ い じ に
し て　た　の　に　こ わ れ　て　で な い お　と　が あ る　どう　し
し て　た　の　に　こ わ れ　て　で な い お　と　が あ る　どう　し し
し て　た　の　に　み ー つ　け ら れ た ら　おこ　ら　れ る　どう　し

よう どう し よう
よう (コラ) どう し よう (コラ)
よう (オー) どう し よう (オー)
オ パ キャマラ ド パ キャマラ ド パ オ パ オ
パン パン パン オ パ キャマラ ド パ キャマラ ド パ オ パ オ パ
ド と レ と ミ とファと ソ と ラ と シ の お と が で な い ド と レ と
ミ とファと ソ と ラ と シ の お と が で な い
D.S.
Coda
パ オ パ
Coda
D.S.

95 みんなのうた
こぶたぬきつねこ

山本直純　作詞・作曲

こ ぶ た こ ぶた た ぬ き た ぬ き き つ
ブー ブーブーブー ポン ポコ ポン ポンポコポン コ ン
ね き つね ね こ ね こ オ ニャー オ こ ぶ た こ ぶた た ぬ
コン コ ンコンニャー ブ ブ ブー ブ ブブー ポン ポコ
き た ぬ き き つ ね き つね ね こ ね こ オ ニャー オ
ポン ポンポコポン コ ン コン コ ンコンニャー ブ ブ

みんなのうた

96 サッちゃん

阪田寛夫　作詞／大中　恩　作曲

♩= 84くらい
1. サッ　ちゃん　は　ね
2. サッ　ちゃん　は　ね
3. サッ　ちゃん　は　ね
サ　チコ　って　い　うん　だ　ほん　と　は　ね　だ　け　ど　ちっちゃいか　ら　じ　ぶんのこ　と
バ　ナナ　が　だ　いす　き　ほん　と　だ　よ　だ　け　ど　ちっちゃいか　ら　バ　ナナ　を
と　おく　へ　いっ　ちゃう　ってほん　と　か　な　だ　け　ど　ちっちゃいか　ら　ぼ　く　のこ　と
サッ　ちゃんて　よ　ぶん　だ　よ　おかしい　な　サッ　ちゃん　ちゃん
はんぶんし　か　たべられな　い　の　かわいそう　ね　サッ　ちゃん
わ　す　れ　て　し　まう　だ　ろ　さびしい　な　サッ
1.2.
3.
rit.

97 みんなのうた
さんぽ

中川李枝子 作詞／久石 譲 作曲

March Tempo (マーチで げんきに) ♩=120
1.～3. あ る こう あ る こう わ た しは げ ん き
あ るく の一 だい す き ど んど んい こ う
さ かみ ち一 ト ン ネ ル一 く さ っ ぱ ら 一
み つば ち一 ぶ ん ぶ ん一 は な ば た け 一
き つね も一 た ぬき も一 で て お い で 一

いっぽんばしにー でこぼこじゃりみち
ひなたにとかげー へびはひ(𝄽)る(𝄽)ね
たんけんしようー はやしのおくまで
くものすくぐっーてー くだりみち
ばったがとんーでー まがりみち
ともだちたくさんー うれしい
1.2.
3.
な ともだちたくさんー うれしいな

みんなのうた

98 しあわせならてをたたこう

木村利人　作詞／アメリカ民謡

♩= 96
1. し　あ　わ　せな　らて　をた　た　こう　(拍　手)　し　あ　わ　せな　らて　をた　た
わ　せな　らあ　しな　ら　そう　(足 ぶ み)　し　あ　わ　せな　らあ　しな　ら
わ　せな　らか　たた　た　こう　(肩たたき)　し　あ　わ　せな　らか　たた　た
こう　(拍　手)　し　あ　わ　せな　らた　いど　で　し　めそ　うよ　ほ　ら
そう　(足 ぶ み)　し　あ　わ　せな　らた　いど　で　し　めそ　うよ　ほ　ら
こう　(肩たたき)　し　あ　わ　せな　らた　いど　で　し　めそ　うよ　ほ　ら
1.2.　3.
み　んな　でて　をた　た　こう　(拍　手)　こう　(肩たたき)　4. し　あ
み　んな　であ　しな　ら　そう　(足 ぶ み)　2. し　あ
み　んな　でか　たた　た　3. し　あ

わ せな らさ いしょ か ら パン パン ドン ドン トン トン し あ
わ せな らさ いしょ か ら パン パン ドン ドン トン トン し あ
わ せな らた いど で し めそ うよ ほ ら み んな でさ いしょ か
ら パン パン ドン ドン トン トン

99 世界中のこどもたちが

みんなのうた

新沢としひこ　作詞／中川ひろたか　作曲

元気よく
1. せかい じゅう のこどもた
じゅう のこどもた
ちが いちどに わらったら そらもわらうだ
ちが いちどに なーいたら そらもなーくだ
ろう ラララうみもわらうだろう う ひろげ
ろう ラララうみもなくだろ 2. せかい

よ う ぼ くら の ゆ め を, とど け よ う ぼ くら の こ え を, さか せ
5
よ う ぼ くら の は な を, せか い に にじ をか けよう 3. せかい
1
1
じゅう のこ ども たち が いちど に う たっ た ら そらも
3
う た う だ ろ う ラララ う みも うた う だ ろう

みんなのうた

100 手のひらを太陽に

やなせたかし 作詞／いずみたく 作曲

1. ぼ くら は み ん な い きて い る い き て い る か ら
2. ぼ くら は み ん な い きて い る い き て い る か ら
う たう ん だ ぼ くら は み ん な い きて い る
わ らう ん だ ぼ くら は み ん な い きて い る
い き て い る か ら か な しいん だ
い き て い る か ら う れ しいん だ
て の ひ ら を

た い よ う に　す か し て み れ ば
まっ か に な が れ る　ぼ く の ち し お ー {み み ず / と ん ぼ
だっ て お け ら だっ て　あ め ん ぼ だっ て}
だっ て か え る だっ て　み つ ば ち だっ て}
み ん な み ん な　い き て い る ん だ　と も だ ち な ん だ

みんなのうた

101 ともだち賛歌

阪田寛夫　訳詞／アメリカ民謡／小森昭宏　編曲

行進曲風に
f
mf
1. ひ とり とひ とり が う でく めば た ちま ちだ れで も な かよ しさ
2. ロ ービ ンフ ッド に ト ムソ ーヤー み ーん なぼ くら の な かま だぞ
3. せ かい のと もだ ち あ つま れば な んに もお それ る こ とは ない
や あや あみ なさ ん こ んに ちは みん な で あ く しゅ
お ひげ をは やし た お じさ んも むか し は こ ど も
ゆ くて はア フリ カ ポ リネ シア み ど り の も り

そらにはおひさま　あしもとにちきゅう
みーんなみんなあつまれ　みんなでうたえ
1.2.
3.
えイチニッみんなでうたえ　ワントゥみんなでうたえ　アインツバイみん
なでうたえ　ウノドスみんなでうたえー

102

みんなのうた

ともだちになるために

新沢としひこ　作詞／中川ひろたか　作曲

1. 2. と も だ ち に な る た め に ひ と は で あ
う ん だ よ
1. ど こ の ど ん な ひ と と も
お な じ よ う な や さ し さ
2. ひ と り さ み し い こ と が
だ れ か を き ず つ け て も

きっ と わ か り あ えーる さ
も と め あ っ て いるの さ
だ れ に で も あ るーか ら
し あ わ せ に は ならな い
い ま ま で で あ
一っ た た く さんの
き み と き み と きみと きみと きみと きみと きみと
こ れ か ら で あ う た く さんの
き み と き
み と きみと きみと ともだ ち
D.S.
Coda
rit.

103

みんなのうた

ぞうさん

まど・みちお　作詞／團　伊玖磨　作曲

Andantino ♩ = 84～88
1. ぞ う さん ぞ う さん お は な が な が い の ね
2. ぞ う さん ぞ う さん だ ー れ が す き な ー の
そ う よ か あ さん も な が い の よ
あ の ね か あ さん が す き な の よ

104

みんなのうた
ドレミの歌

ペギー葉山　日本語詞／R. ロジャーズ　作曲

♩= 120

mf
1.ド　は ドー　ナ　ツ　の　ド　レ　は　レモンの　レ　ー
2.ど　ん　な　と　き　に　も　れ　つ　をーくん　で　ー
mf

ミ　は　み　ん　な　の　ミ　ファ　は　ファイトの　ファ　ー
み　ん　な　た　の　し　く　ファ　イ　トをもって　ー

mp
ソ は あ お い そ ら ー ラ は ラ ッ パ の ラ ー
そ ら を あ お い で ー ラン ラ ラ ラ ラ ラ ラ ー
mf
f
シ は し あ わ せ よ ー さ あ う た い ま しょう
し あ わ せ の う た ー さ あ
ー ド レ ミ ファ ソ ラ シ ド ド シ ラ
ソ ファ ミ レ ド ミ ミ ミ ソ ソ レ ファ

ファ ラ シ シ ド ミ ミ ミ ソ ソ レ ファ ファ ラ シ シ
ソ ド ラ ファ ミ ド レ ー
ソ ド ラ シ ド レ ド ー
2.
f
う た い ま しょう ー

みんなのうた

105 ドレミのまほう

野田 薫 作詞／森若香織 作曲

1. まほう のあいずだ ド レ ミ さあ めをさ まし
2. まほう のあいずだ ド レ ミ さあ てをつ ない
て どん なゆーめも か な う ふしぎがは じ ま る
で たの しいーこと だ け を こころにえ がこ う
ドキドキするような ひろいうちゅうへ レッ ツゴー ゴー とびだそう ミ ライにつ な がる
ソバカスえがおの きみがだいすき ララ ラいっしょに あそぼうよ シ ンデレラ だって

おおぞらが ファンファーレのなか おで むかえ (𝄋)ひかりのあ とを お い かけて
かすんじゃう ドッキンハートの パレ ード さ ひかりのあ とを お い かけて
ラ ララララシ ラソ ミ シ ドシラ すてきなメ ロ ディー は ドレミのま ほ
ラ ララララシ ラソ ミ シ ドシラ うきうきメ ロ ディー は ドレミのま ほ
1. 2.
う う
D.S.
Coda
う ドレミの
まほ う

106

みんなのうた

にじ

新沢としひこ　作詞／中川ひろたか　作曲／増田裕子　編曲

やさしい気持ちで
リコーダー
1. に　わの　シャベルが一　いちにちぬれて一　あめがあがって一
2. せ　んた　くものが一　いちにちぬれて一　かぜにふかれて一
3. あの　この　えんそく一　いちにちのびて一　なみだかわいて一
くしゃみをひとつ一　くもがながれて一　ひかりがさして一
くしゃみをひとつ一　くもがながれて一　ひかりがさして一
くしゃみをひとつ一　くもがながれて一　ひかりがさして一

み あげ てみれ ばー
み あげ てみれ ばー
み あげ てみれ ばー
ラ ラ ラ に じ が にじ が ー
そ らに か かっ て ー き みの きみの ー き ぶん もはれ て ー
きっ と あしたは ー い い てん き ー き っと あし たは
い いてん き

107

みんなのうた

にんげんっていいな

山口あかり　作詞／小林亜星　作曲／小島弘章　編曲

Allegro　リズムにのってたのしく
1. く ま の こ み て い た　か く れ ん ぼ　お し り を だ し た こ
2. も ぐ ら が み て い た　う ん ど う かい　び り っ こ げ ん き だ
いっ とう しょう　ゆ う や け こ や け で　ま た あ し た
いっ とう しょう　ゆ う や け こ や け で　ま た あ し た
ま た あ し た　い い な
ま た あ し た　い い な

い い な にん げんっ て い い な
い い な にん げんっ て い い な
お い し い お や つ に ほかほかご は ん こ ど も の か え り を
み ん な で な か よ く ポチャポチャお ふ ろ あっ た か い ふ と ん で
ま っ て る だ ろ な ぼ く も か え ろ お う ち へ か え ろ
ね む る ん だ ろ な ぼ く も か え ろ お う ち へ か え ろ
でん でん でん ぐ り がえっ て バイ バイ バイ バイ バイ バイ
でん でん でん ぐ り がえっ て
1.
2.

いいな いいな にんげんって
いいな みんなでなかよく ポチャポチャおふろ
あったかいふとんで ねむるんだろな ぼくもかえろ
おうちへかえろ でんでんでんぐりがえって バイバイバイ

みんなのうた

108 はじめの一歩

新沢としひこ 作詞／中川ひろたか 作曲

1. ち い さなとり が
2. し ん じること を
う た っている よ
わ す れちゃいけ ない
ぼ く らーにー あ さ が
か な らーずー あ さ は
お と ず れ た よーとー
お と ず れ る かーらー
き の う とちが う
ぼ く らのゆめ を

あ さ ひがのぼ る かわ のーなー が れ も
な く しちゃいけ ない き っ とーいー つ か は
かがやいてー い る
かなーうはず だ よ
はじめ の い っ ぽ あした
に い っ ぽ きょうから なーにも か も が
あ た らーし い はじめ の い っ ぽ あした

にいっぽ
ゆうきをもっておおきく
うまれかわっておおきく
いっぽあるきだせ
4 5
1.
2.
rit. - -

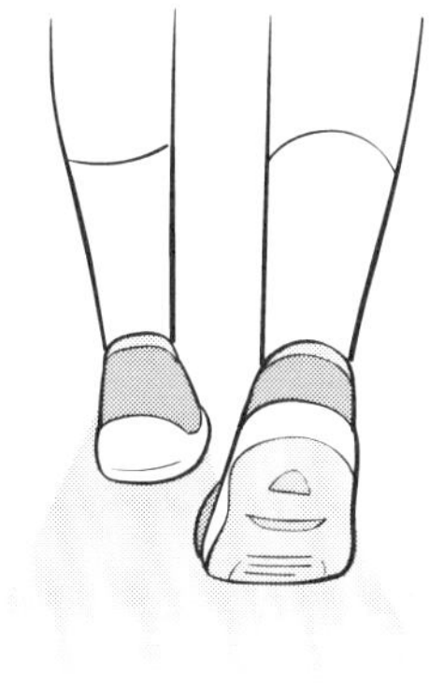

みんなのうた

109 ハッピーチルドレン

新沢としひこ　作詞／中川ひろたか　作曲／増田裕子　編曲

はずんで

1. それはふしぎな まほうのちから ぼくとはなすと
2. それはふしぎな まほうのちから わたしをみると
しあわせになる だれでもいいさ みみをかしなよ
しあわせになる ちょっとみててよ じょうずにスキップ
ほっぺゆるんで わらいたくなるハッピー ハッピー
きっといっしょに おどりたくなるハッピー ハッピー
ハッピー チルドレンハッピー チルドレン おこりんぼは どこハッ
ハッピー チルドレンハッピー チルドレン いばりんぼは

ピー　ハッ　ピー　ハッピー　チ　ル　ドレンハッ　ピー　チ　ル　ドレン
1.
2.
さみしがり　は　だ　れ　だ　れハッ　ピー　ハッ　ピー　ハッピー　チ
へそまがり　は
ル　ドレンハッ　ピー　チ　ル　ドレン　ぼくらをみ　て　ご　ら　んハッ　ピー　ハッ　ピー
ハッピー　チ　ル　ドレンハッ　ピー　チ　ル　ドレン　け　んか　は　お　し　まい

みんなのうた

110 ふしぎなポケット

まど・みちお 作詞／渡辺 茂 作曲

♩= 112
1. ポ ケッ ト の な か に は ビス ケッ ト が ひ と つ
2. も ひ と つ た た く と ビス ケッ ト は み っ つ
ポ ケッ ト を た た く と ビス ケッ ト は ふ た つ
た た い て み る た び ビス ケッ ト は ふ え る

ゆっくり
そ ん な ふ し ぎ な ポ ケッ ト が ほ し い
そ ん な ふ し ぎ な ポ ケッ ト が ほ し い
※ もとの速さで
※（グリッサンドでもよい）

111

みんなのうた

ホ！ホ！ホ！

伊藤アキラ　作詞／越部信義　作曲

たのしくはずんで
1. たのしいメロディー　わすれたときはー
2. あいたいひとにー　あいたいときはー
よんでみようよー　あおぞらにー
よんでみようよー　そのなまえー
ホ　ホ　ホ　ホ　ユー　レユー　レユー　レユー　レ　ホ　ホ　ホ　ホ　ユー　レユー　レユー　レユー　レ
ホ　ホ　ホ　ホ　ユー　レユー　レユー　レユー　レ　ホ　ホ　ホ　ホ　ユー　レユー　レユー　レユー　レ

かえーってくるよー　あのメロ
かえーってくるよー　あのほほ
ディーがー　ホホホホ　ユーレユーレユーレユーレ
えみがー　ホホホホ　ユーレユーレユーレユーレ
ホホホホ　ユーレユーレユーレユーレ　よんでみ
ホホホホ　ユーレユーレユーレユーレ　よんでみ
ようよー　あおぞらにー　ー
ようよー　そのなまえ
1.
2.

112 みんなのうた

ぼくのミックスジュース

五味太郎　作詞／渋谷　毅　作曲／林　アキラ・早川史郎　編曲

げんきよく ♩=136
1. おはようさん　の　おおごえと
2. ともだちなかよ　し　うたごえと
3. あのねーそれでね　の　おはなしと
キラキラキラ　の　おひさまと
スカッとはれ　た　おおぞらと
ほんわかおふろ　の　いいきもちと
それにゆう　べの　こわいゆめ
それにけん　かの　べそっかき
それにひざ　こぞうの　すりきずを

みんなミキサーにぶちこんで　あさは　ミックスジュース
みんなミキサーにぶちこんで　ひるは　ミックスジュース
みんなミキサーにぶちこんで　よるは　ミックスジュース
ミックスジュース　ミックスジューース
ミックスジュース　ミックスジューース
ミックスジュース　ミックスジューース
こいつをググッとのみほせば　(’)きょうはいいこと　あるかもね
こいつをググッとのみほせば　なんでもかんでも　いいちょうし
こいつをググッとのみほせば　(’)あとはぐっすり　ゆめのなか

みんなのうた

113 ぼくらはみらいのたんけんたい

及川眠子 作詞／松本俊明 作曲／奥山 清 編曲

(𝄋)1. ぼ くらは み らいの たんけんたい あ したにむ かって ふねをこぐ
2. ぼ くらは み らいの たんけんたい て ごわいわ るもの でてきても
ぼ くらは み らいの たんけんたい き ぼうとい うなの かじをと
ぼ くらは み らいの たんけんたい ゆ うきのつ るぎで たたかう

る
ぞ
かなしいこともあ るだろうー なきたいときもあ るだろう だけど ーいつもーいつだ
たのしいほしをさ がすためー やさしいひとにで あうため そうさ ーいつもーいつだ
っ てー いき てるっ てー ばつ ぐん のー ステキさー
っ てー いき てるっ てー サイ コー のー ふしぎさー
8va
ポ ケ ッ トに ゆめ をー つめこん で
ま ち じゅ うー えが おー あふれて る

ー　かがやくー　みらいへー　さ　あ　でか
ー　ぼくらのー　じだいをー　さ　あ　つく
1.　2.
けるぞー　るんだー
D.S.
Coda
る　ぼくらは（ぼくらは）みらい
の（みらいの）たんけんたい　「オー！」

114

やぎさんゆうびん

みんなのうた

まど・みちお 作詞／團 伊玖磨 作曲

mf
mp
1. しろやぎさん から おてがみ ついた
2. くろやぎさん から おてがみ ついた
くろやぎさん たら よまずに たべた
しろやぎさん たら よまずに たべた
しかたが ないので
しかたが ないので
おてがみ かいた さっきの てがみの ごようじ なあに
おてがみ かいた さっきの てがみの ごようじ なあに

115

みんなのうた

みんなともだち

中川ひろたか　作詞・作曲／橋本晃一　編曲

Medium Bounce Tempo（ワイワイとにぎやかに）
みんな　ともだちー
ずっーとずっと　ともだちー
がっこう　いって もー
おとな に　なって もー
ずっー とともだ
1.3.
ち Yeahー
みんな
2.4.
ち　ー
みんないっしょに
みんないっしょに

ー うたをうたった みんないっしょにー
ー プールであそーんだ みんないっしょにー
えをかいた みんないっしょにー おさんぽをし
ロボットをつくった みんないっしょにー かけっこをし
た みんないっしょにー おおきくなったみんな
た
5.
6.
ちーみんなちー

116 <ruby>森のくまさん</ruby>

みんなのうた

森のくまさん

馬場祥弘　訳詞／アメリカ民謡／玉木宏樹　編曲

mf
mp
1. あ る ー
ひ
の
が
ん
さん
p
もり の な か
いうこ と にゃ
くま さ ん が
おま ち な さい
あり が と う
くま さ ん に
おじょう さ ん
あ と か ら
ちょ ー っ と
お れ い に

f
で あ っ た はな さ く も り
おに げ な さい スタ コ ラ サッ サッ
つい て く る トコ ト コ トッ コ
おと し も の し ろ い か い
うた い ま しょう ラ ラ ラ ラ ラ
の み ち くま さ ん に で
サッ の サ スタ コ ラ サッ サッ
トッ コ ト トコ ト コ トッ コ
が ら の ちい さ な イ ヤ
ラ ラ ラ ラ ラ ラ ラ ラ
あ っ た
サッ の サ
トッ コ ト
リ ン グ
ラ ラ ラ
2. くま さ ん
3. と こ ろ
4. おじょ う さま
5. あら く ま
Coda
Coda

みんなのうた

117 山のワルツ

香山美子 作詞／湯山 昭 作曲

のびのびと ♩=104
mp
poco rit.
ワルツの速さで 𝅗𝅥.=66
mp
1.〜3. す て き な や ま の よ う ち え ん
は ち じ に な る と リ ス の
く ー じ に な る と や ぎ の
じゅ う じ に な る と く ま の
ぼう や が

mp
やって きます
ロン リムリム ロン ラムラム
ロン リムリム ロン
f
più f poco rit.

みんなのうた
118 おうま

林　柳波　作詞／松島つね　作曲

C F C F C
1. お う ま の お や こ は な か よ し こ よ し
2. お う ま の か あ さ ん や さ し い か あ さん
F C G7 C
い つ で も い っ しょ に ポッ ク リ ポッ ク リ あ る く
こ う ま を み な が ら ポッ ク リ ポッ ク リ あ る く

みんなのうた
119 大きな栗の木の下で

平多正於　作詞／イギリス民謡

C G7 C F C
おお き な く り の き の し た で あ な ー た と わ た し
C Em F G C G7 C
な か よ く あ そ び ま しょ おお き な く り の き の し た で

120 大きな古時計
みんなのうた

H. C . Work 作詞・作曲／保富康午　訳詞

G　D7　G　C6　G　D7
1. お　お　き な のっ　ぽ の　ふ る ど け い
2. な　ん　で も しっ　て る　ふ る ど け い
3. ま　よ　な か に　ベ ル　が 一 な っ た
お じ　い　さ ん の　と け
G　D7　G　E7　Am　G　D7
い
ひゃく　ねん　い つ も　う ご　い　て い た　ご じ　ま　ん の と　け い
き れ　い　な は な　よ め　やっ　て き た　そ の　ひ　も う ご　い て
お わ　か　れ の と　き が　き　た の を　み な　に　お し え　た の
G　Em　C　G　Bm　Em
さ　お じ　い　さ ん の　う ま　れ た あ さ に　か っ　て　き た と　け い
た　う れ　しい　こ と も　か な　し い こ と も　み な　しっ　て る と　け い
さ　て ん　ご　く へ の　ぼ る　お じ い さ ん　と け　い　と も お　わ か
A7　D7　G　D7　G7　E7　Am　G　D7
さ
さ
れ
い ま は　も う　う ご か な い　そ の　と　け
G　D7　G　D7
い　ひゃく ねん　や す ま ず に　チク　タク　チク　タクお　じい　さんといっ　しょに
G　D7　G7　E7　Am　G　D7　G
チク　タク　チク　タクい　ま は　も う　う ご か な い　そ の　と　け　い

121

みんなのうた

おんまはみんな

中山知子　訳詞／アメリカ民謡

D A D
1. おん ま はみん な ぱっ ぱ かは しる ぱっ ぱ かは しる ぱっ ぱ かは しる
2. こぶ た のしっ ぽ ちょん ぼ りちょ ろり ちょん ぼ りちょ ろり ちょん ぼ りちょ ろり
D A D
おん ま はみん な ぱっ ぱ かは しる どう し ては し る
こぶ た のしっ ぽ ちょん ぼ りちょ ろり どう し てちょ ろ り
D G D Em7 D A
どう し てな の か だ れ もし ら ない だけど
どう し てな の か だ れ もし ら ない だけど
D A D
おん ま はみん な ぱっ ぱ かは しる ぱっ ぱ かは しる ぱっ ぱ かは しる
こぶ た のしっ ぽ ちょん ぼ りちょ ろり ちょん ぼ りちょ ろり ちょん ぼ りちょ ろり
D A A7 D
おん ま はみん な ぱっ ぱ かは しる おもしろ い ね
こぶ た のしっ ぽ ちょん ぼ りちょ ろり おもしろ い ね

122 すうじのうた

みんなのうた

夢 虹二 作詞／小谷 肇 作曲

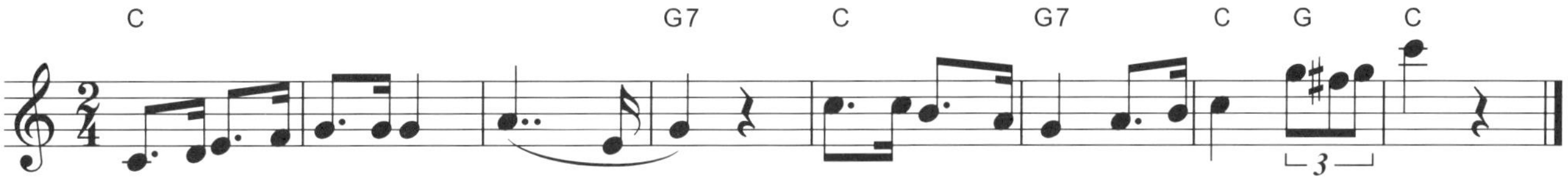
C G7 C G7 C G C
3

1. すうじのいちは なーに こうばのえんとーつ
2. すうじのにーは なーに おいけのがちょーう
3. すうじのさんは なーに あかちゃんのおみーみ
4. すうじのしーは なーに かかしのゆみーや
5. すうじのごーは なーに おうちのかぎーよ
6. すうじのろくは なーに たぬきのおなーか
7. すうじのしちは なーに こわれたラッーパ
8. すうじのはちは なーに たーなのダルーマ
9. すうじのくーは なーに おーたまじゃくーし
10. すうじのじゅうは なーに えんとつとおつきさま

123 線路はつづくよどこまでも

みんなのうた

佐木 敏 訳詞／アメリカ民謡

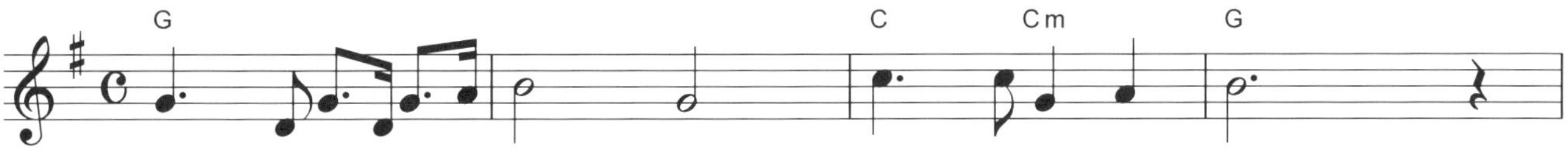
G C Cm G

1. せんろはつづくよ どこまでも
2. せんろはうたうよ いつまでも

G A7 D7

のをこえやまこえ たにこえて
れっしゃのひびきを おいかけて

D7 G C B7

はるかなまちまで ぼくたちの
リズムにあわせて ぼくたちも

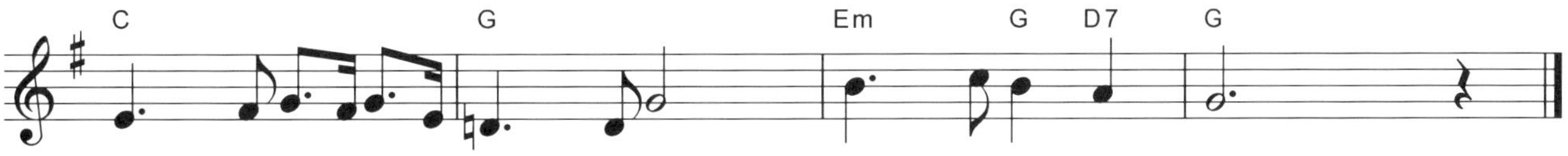
C G Em G D7 G

たのしいたびの うた つないでる
たのしいたびの うた うたおうよ

124 手をたたきましょう

みんなのうた

小林純一　訳詞／作曲者不詳（外国曲）

Allegro　あかるくげんきに
C F C
1.～3. て　を ー た　た ー　き　ま ーしょう　タン　タ ン タン　タン　タ ン タン
F C
あ　し ー ぶ　み ー　し　ま ー しょう　タン　タ ンタン　タン　タン　タン　タン
G7 C G7 C
わ　ら い ま　しょう　アッ　ハッ　ハッ　わ　ら い ま　しょう　アッ　ハッ　ハッ
お　こ り ま　しょう　ウン　ウン　ウン　お　こ り ま　しょう　ウン　ウン　ウン
な　き ー ま　しょう　エン　エン　エン　な　き ー ま　しょう　エン　エン　エン
C F G7 C
アッ　ハッ　ハッ　アッ　ハッ　ハッ　あ　あ　お　も　し　ろ　い
ウン　ウン　ウン　ウン　ウン　ウン　あ　あ　お　も　し　ろ　い
エン　エン　エン　エン　エン　エン　あ　あ　お　も　し　ろ　い

125 むすんでひらいて

みんなのうた

文部省唱歌／ J. J. Rousseau　作曲

C G7 C G7 C
む　す ー　ん　で　ひ　ら　い ー て　て　を ー　うっ　て　む ー す ん　で
C F C F G7
ま　た ひ　らい　て　て　を　う っ て　そ　の を　て　を　う　え　に

わらべうた

126 あんたがたどこさ

あん たが た ど こさ ひ ごさ ひ ごど こさ く まも とさ
く まも と ど こさ せん ばさ せ ん ば や まに は た ぬき が
おっ て さ そ れ を りょ うし が てっ ぽう で うっ て さ に て さ
やい て さ くっ て さ そ れ を こ のは で ちょっとか ぶ せ

わらべうた

127 かごめかごめ

か ごめ か ご め か ごのな かの と り は い つ い つ で やーる
よ あ け の ば ん に つ るとか めが す べった うしろのしょうめん だ ーれ

128 十五夜さんのもちつき

わらべうた

じゅうごやさん の　もちつきは　トーン　トーン　トッ テッ　タ　トーン　トーン
トッ テッ　タ　トッ　テ　トッ　テ　トッ テッ　タ　おっ　こ ね た　おっ　こ ね た
おっ　こ ねおっ　こ ね　おっ　こ ね た　トッ　ツ イ タ　トッ　ツ イ タ
トッ　ツイ　トッ　ツイ　トッ　ツイ　タ　シャーン　シャーン　シャンシャン シャン
シャーン　シャーン　シャンシャン シャン　トッ　テ　トッ　テ　トッ　テッ　タ

129 ずいずいずっころばし

わらべうた

ずいずい ずっころばし ごまみそ ずい ちゃつぼに おわれて
トッ ピン シャン ぬけ た ら ドン ドコ ショ たわらの
ねずみが こめくって チュー チュー ー チュー ー チュー おとさんが
よんでも おかさんが よんでも いきーっこ な ー ー し
よ いど のま わり で お ちゃわ ん か いた のだ ー れ

130 ひらいたひらいた

わらべうた

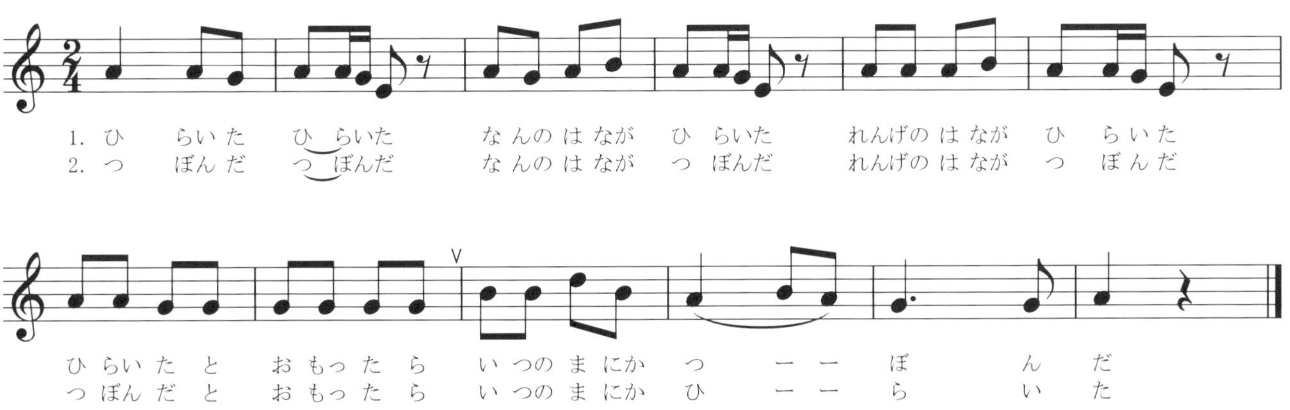
1. ひ らいた ひらいた なんのはなが ひ らいた れんげのはなが ひ らいた
2. つ ぼんだ つぼんだ なんのはなが つ ぼんだ れんげのはなが つ ぼんだ
ひらいたと おもったら いつのまにか つ ー ー ぼ ん だ
つぼんだと おもったら いつのまにか ひ ー ー ら い た

外国のうた

131 Are You Sleeping?（寝ているの？）

フランス民謡

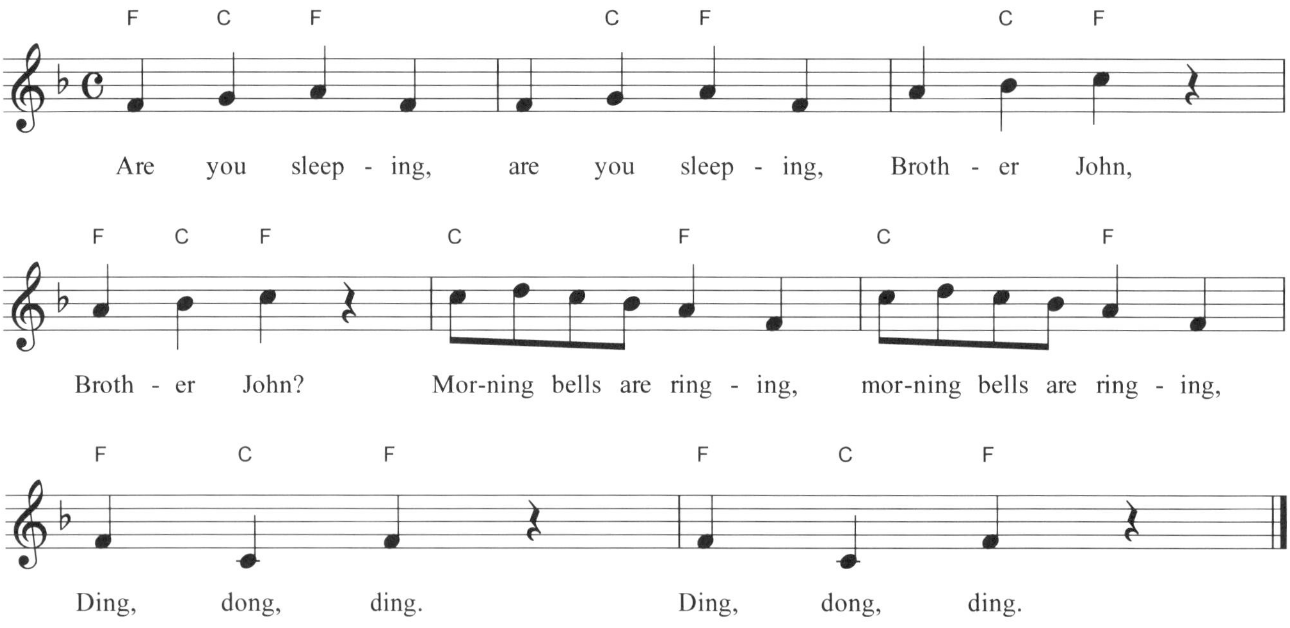
F C F C F C F
Are you sleep - ing, are you sleep - ing, Broth - er John,
F C F C F C F
Broth - er John? Mor-ning bells are ring - ing, mor-ning bells are ring - ing,
F C F F C F
Ding, dong, ding. Ding, dong, ding.

外国のうた

132 If You're Happy And You Know It（幸せなら手をたたこう）

アメリカ民謡

F C7
If you're hap - py and you know it, Clap your hands. (clap clap) If you're
C7 F B
hap - py and you know it, Clap your hands. (clap clap) If you're hap-py and you know it, And you
F C7 F
real - ly want to show it, If you're hap - py and you know it, Clap your hands.

外国のうた

133 London Bridge Is Falling Down（ロンドン橋がおちる）

イギリス民謡

C G7 C
Lon - don Bridge is fall - ing down, Fall - ing down, fall - ing down,
C G7 C
Lon - don Bridge is fall - ing down, My fair la - dy.

外国のうた

134 Mary Had A Little Lamb（メリーさんの羊）

アメリカ民謡

F C7 F
Ma - ry had a lit - tle lamb, Lit - tle lamb, lit - tle lamb,
F C7 F
Ma - ry had a lit - tle lamb, Its fleece was white as snow

外国のうた

135 Twinkle Twinkle Little Star（きらきら星）

フランス民謡

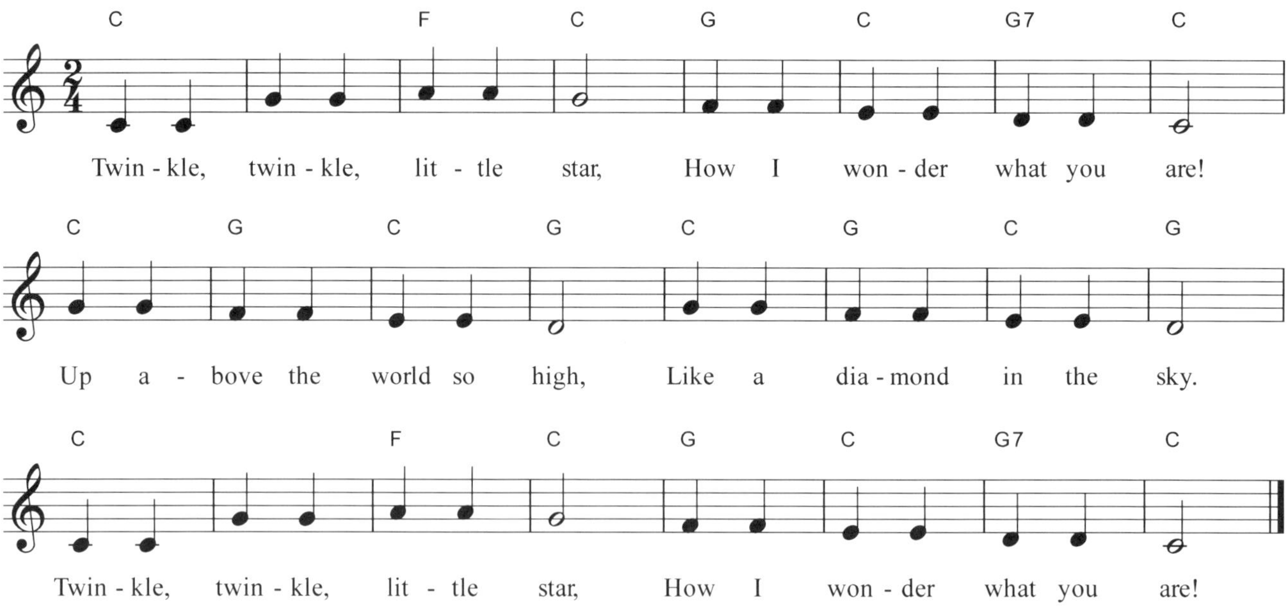
C F C G C G7 C
Twin - kle, twin - kle, lit - tle star, How I won - der what you are!
C G C G C G C G
Up a - bove the world so high, Like a dia - mond in the sky.
C F C G C G7 C
Twin - kle, twin - kle, lit - tle star, How I won - der what you are!

Section 5 コードと伴奏アレンジ

1. コードとは

コード（chord）＝和音とは、高さの異なる２つ以上の音が同時に響く場合に合成される音です。

2. コードネームとは

コードネームとは、和音の構成音を英語の音名と数字やその他の文字で表した略記法です。
「根音の音名（ベース音）」と「和音の種類や位置、機能」を示しています。

例） Ｃマイナーセブンス（短三和音＋第７音）の場合

C	+	m7	=	Cm7
根音		種類や位置、機能		コードネーム

3. 本書で使用されている基本的なコードネーム一覧

※鍵盤図の一番左の●印が根音です。

メジャー （長三和音）		マイナー （短三和音）		セブンス （長三和音＋第７音）		マイナー・セブンス （短三和音＋第７音）	
C	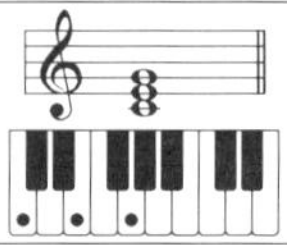	Cm	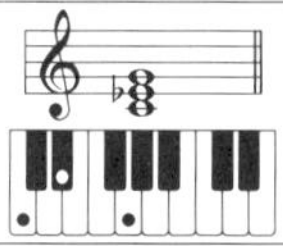	C7	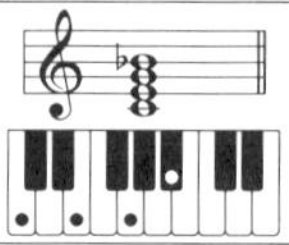	Cm7	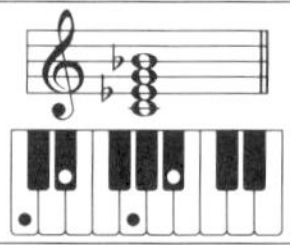
D	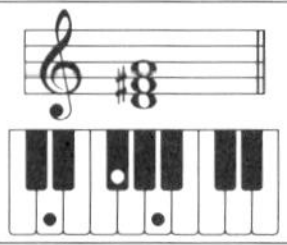	Dm	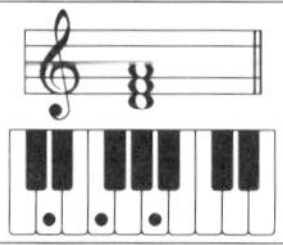	D7	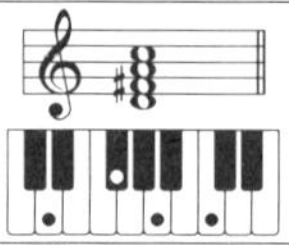	Dm7	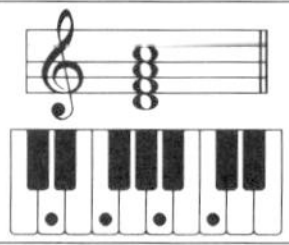
E	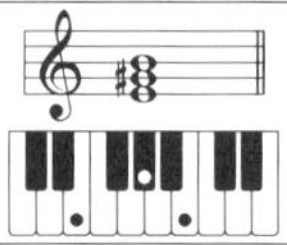	Em	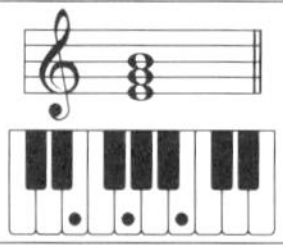	E7	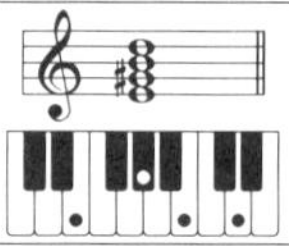	Em7	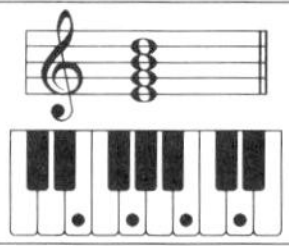
F	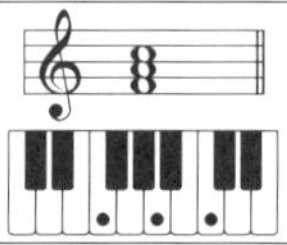	Fm	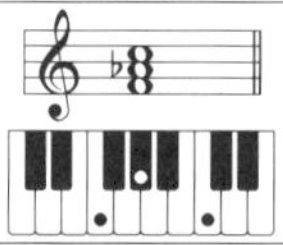	F7	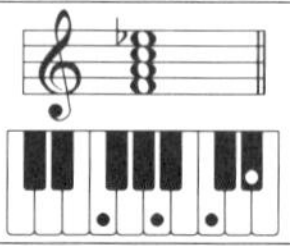	Fm7	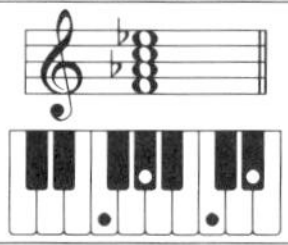
G	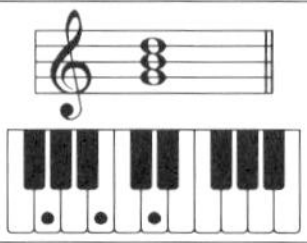	Gm	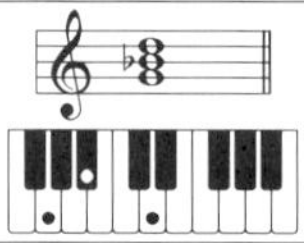	G7	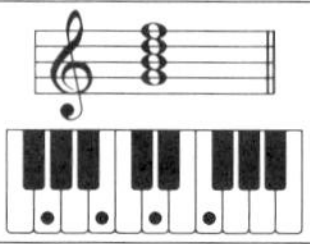	Gm7	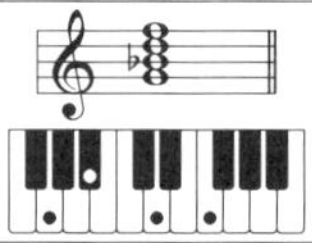
A		Am		A7	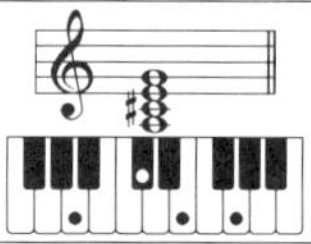	Am7	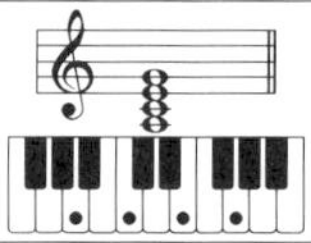
B	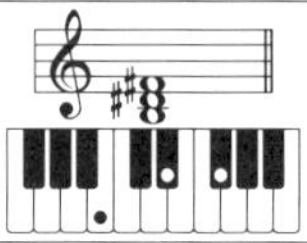	Bm		B7	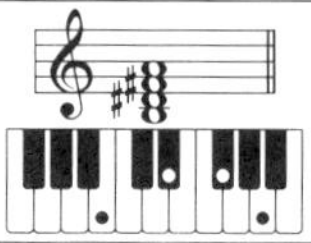	Bm7	

4．転回形とコード進行

転回形とは、和音の構成音の順番を変えた形です。

根音がベースの基本形、第３音がベースの第１転回形、第５音がベースの第２転回形があります。

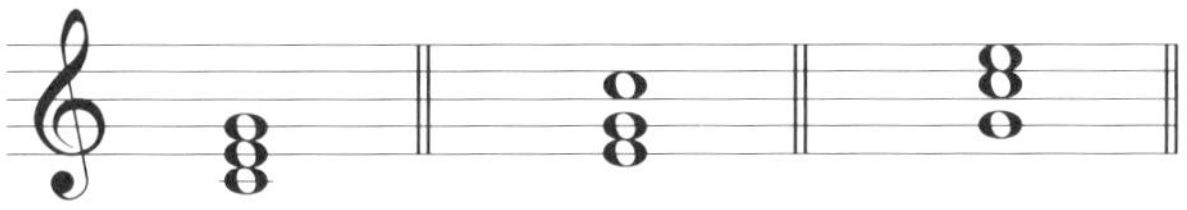

基本形　第１転回形　第２転回形

和音を転回すると、コード進行をスムーズに演奏することができます。

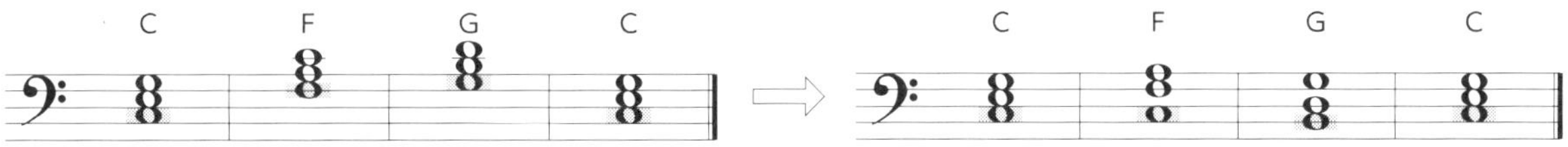
C F G C
C F G C

全て基本形
ベース音の高さがバラバラ

基本形　第２転回形　第１転回形　基本形
ベース音の高さはあまり変化しない

5．伴奏のアレンジ

コードを使用すれば、演奏者はメロディーに合わせて自由に伴奏づけすることができます。

下記の伴奏アレンジを参考に演奏してみましょう。

［２拍子］

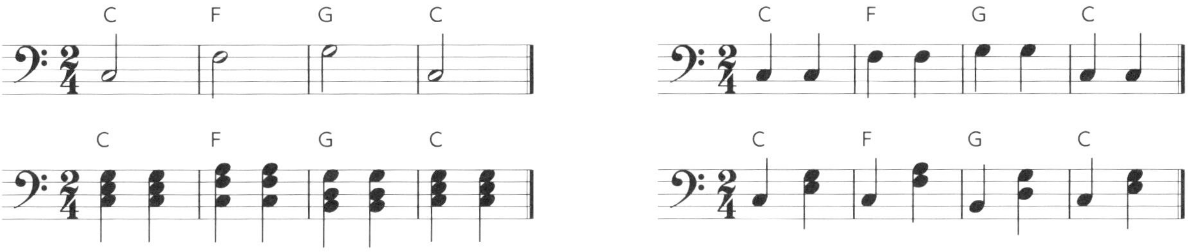
C F G C
C F G C
C F G C
C F G C

［３拍子］

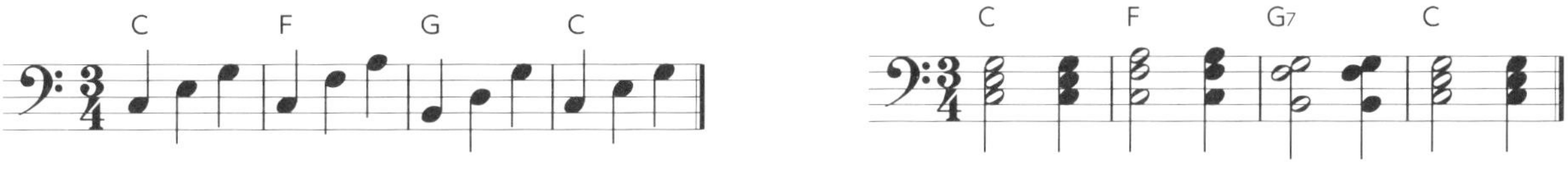
C F G C
C F G7 C

［４拍子］

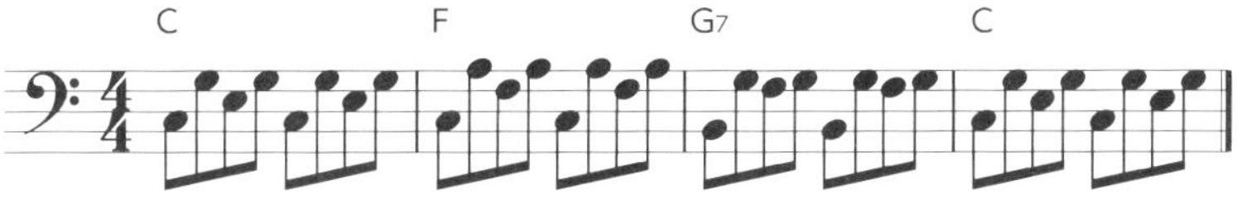
C F G7 C

［６拍子］

C F G C

コードが分かると、簡易的な伴奏、雰囲気が異なるアレンジなど、さまざまなシチュエーションに合わせた演奏が可能となります。こどもたちと音楽表現を楽しみながら、ぜひ活用してみてくださいね。

索　引

あ

アイ・アイ……126
アイスクリームのうた……37
赤鼻のトナカイ……82
あくしゅでこんにちは……125
あめふりくまのこ……40
ありさんのおはなし……42
あわてんぼうのサンタクロース……84
あんたがたどこさ……195
一ねんせいになったら……116
犬のおまわりさん……128
いもほりのうた……62
イルカはザンブラコ……43
うさぎ野原のクリスマス……86
うたえバンバン……130
うみ……44
うれしいひなまつり……114
うんどうかい……109
おうま……190
大きな栗の木の下で……190
大きなたいこ……132
大きな古時計……191
おかあさん……103
おかえりのうた……21
おかたづけ……20
お正月……110
おすもうくまちゃん……133
おつかいありさん……45
おなかのへるうた……134
オバケなんてないさ……46
おはながわらった……24
おはなしゆびさん……138
おはよう……14
おはようのうた……15
おべんとう……16
思い出のアルバム……118
おもちゃのチャチャチャ……136
おんまはみんな……192

か

かくれんぼ……139
かごめかごめ……195
かたつむり……48
かめの遠足……104
かわいいかくれんぼ……140
北風小僧の寒太郎……88
きのこ……64
きよしこの夜……81
クラリネットをこわしちゃった……142
こいのぼり……102
こおろぎ……63
こぎつね……68
ことりのうた……26
こぶたぬきつねこ……144
子守唄……18
コンコンクシャンのうた……90

さ

サッちゃん……145
さよならのうた……22
さよならぼくたちのほいくえん・ようちえん…120
サンタが町にやってくる……92
さんぽ……146
しあわせならてをたたこう……148
しゃぼん玉……49
十五夜さんのもちつき……196
ジングルベル……94
ずいずいずっころばし……197
すうじのうた……193
すてきなパパ……107
世界中のこどもたちが……150
せんせいとおともだち……27
線路はつづくよどこまでも……193
ぞうさん……158

た

たき火……96
たこのうた……111

たなばたさま…… 108
たんじょうび…… 123
ちいさい秋みつけた…… 66
チューリップ…… 28
ちょうちょう…… 29
つき…… 69
つばめになって…… 30
手のひらを太陽に…… 152
でぶいもちゃんちびいもちゃん…… 70
手をたたきましょう…… 194
とけいのうた…… 50
トマト…… 51
ともだち賛歌…… 154
ともだちになるために…… 156
ドレミの歌…… 159
ドレミのまほう…… 162
どんぐりころころ…… 72
とんでったバナナ…… 52
とんぼのめがね…… 73

な

ながぐつマーチ…… 54
にじ…… 164
にじのむこうに…… 55
にんげんっていいな…… 166

は

はじめの一歩…… 169
バスごっこ…… 106
ハッピーチルドレン…… 172
花・はと・ピアノ…… 31
はる…… 32
春がきた…… 33
春の小川…… 34
はをみがきましょう…… 58
ひらいたひらいた…… 197
ふしぎなポケット…… 174
ぶんぶんぶん…… 35
ぼくのミックスジュース…… 178
ぼくらはみらいのたんけんたい…… 180
ホ！ホ！ホ！…… 176
ポンポコたぬき…… 74

ま

まつぼっくり…… 75
豆まき…… 113
水あそび…… 59
南の島のハメハメハ大王…… 60
みんなともだち…… 184
虫のこえ…… 76
むすんでひらいて…… 194
めだかのがっこう…… 36
もちつき…… 112
森のくまさん…… 186

や

やきいもグーチーパー…… 77
やぎさんゆうびん…… 183
山の音楽家…… 80
山のワルツ…… 188
夕やけこやけ…… 78
雪…… 98
雪のこぼうず…… 99
雪のペンキやさん…… 100
ゆげのあさ…… 101
ゆりかごの唄…… 17

アルファベット

Are You Sleeping?（寝ているの？）…… 198
Happy Birthday To You（お誕生日おめでとう）… 124
If You're Happy And You Know It（幸せなら手をたたこう）… 198
London Bridge Is Falling Down（ロンドン橋がおちる）… 199
Mary Had A Little Lamb（メリーさんの羊）… 199
Twinkle Twinkle Little Star（きらきら星）… 200

著者紹介

桐生　敬子（名古屋文化学園保育専門学校　専任教員）

藤田　桂子（名古屋文化学園保育専門学校　専任教員）

高田　結加（名古屋文化学園保育専門学校　専任教員）

卯野　杏実（名古屋文化学園保育専門学校　専任教員）

幼児のうたとあそび

2024年 3月 25日　初版発行

著　者　桐生　敬子・藤田　桂子
　　　　高田　結加・卯野　杏実

発　行　ふくろう出版
　　　　〒700-0035　岡山市北区高柳西町 1-23
　　　　　　　　　　友野印刷ビル
　　　　TEL：086-255-2181
　　　　FAX：086-255-6324
　　　　http://www.296.jp
　　　　e-mail：info@296.jp
　　　　振替　01310-8-95147

JASRAC（出）2400903-401
印刷・製本　　友野印刷株式会社

ISBN978-4-86186-902-0　C3073